怎樣判別是非

～在紛亂的世界還是有恆定不變的價值存在～

殷海光 著

五南圖書出版公司 印行

前言

這本小冊裡所說是「是」與「非」將嚴格地以真、假、對、錯為基礎。它們是建立在邏輯和經驗之上的概念。

在這本小冊子裡所用的語言主要地是通常語言。在這本小冊子裡的討論因而也祇是非正式的討論。

這本小冊子雖說是為青年而寫的，但是著者所謂「青年」不以生理年齡計算，而是以心理底成熟程度計算的。凡犯第一章所說毛病的，都是青年，甚至是童年。

這本小冊不是寫給人消遣的。如果有的地方寫得不夠詳明而又不具體，那是為了使讀者自己多費點腦筋思考思考。

再版前記

文星書店的出版家預備將這本小書再版，問我有無修訂的必要。我把這本小書從頭到尾看了一遍，將若干地方修正了。

這本小書是一九五八年寫的。算來過了四個年頭了。在這四年當中，世界上發生了許多新事，也有某些進步。然而，蟄居在這裡的知識分子，大多還在層層密佈的煙霧的籠罩之下冬眠。他們甚至厭惡雄雞報曉，擾破幻夢。浸沉在甜蜜的幻夢裡總比面對冷酷的現實世界好受些：面對冷酷的現實世界比浸沉在甜蜜的幻夢裡需要更多的理智、勇氣和獨立的精神。

美國著作家甘迺迪（Kennedy）——現已被選為總統了——為美國《讀者文摘》出刊四十周年撰寫的祝賀詞中說：「愚昧和成見是民主的兩個最大敵人。」這話將人類禍亂的根源道出。光明雖為人所喜愛，然而人類有許多生涯卻須靠夜幕的掩蔽。智慧和開明雖是民主所需，但愚昧和成見造成的氛圍則是欺騙和暴虐所需。

我看看這本小書，又看看這本小書所在的環境，尤其是看這茫茫失落並亟須自己尋找的一代，我不禁悲從中來，我不禁認為這本小書之出版，仍有其必要：它給我在灰色的天空和低沉的氣壓裡以一絲希望，希望它在減少愚昧和成見方面，能對這一代給予一點幫助。

四月二十六日

目錄

實務篇

理論篇

第一章　種種謬誤

我們人的天性大致總是追求良好的生活。良好的生活是眞善美的生活。我們要求眞善美的生活之實現，必須拿「眞」來作底子。固然，有了眞，未必就會有善和美。但是，沒有眞，善和美根本無從談起。至少，眞可以幫助善和美之實現。所以，眞理是良好的生活之必要條件。然而，不幸得很，眞理卻是非常嬌嫩的東西。眞理很不容易得到，但很容易喪失。古往今來，祇有極少數人在極少數的時間以內逼近著眞理。最大多數人在他們最大多數的時間以內過渡著受神話、傳說、權威、禁制（taboo）、口號、標語、主義（ism）、偏見、宣傳、習俗、風尙、情緒等等力量支配的生活。而這些力量常常穿上「眞理」的僞裝出現。不知者以爲這些力量的確是眞理，並且常常持之甚堅的樣子，甚至不惜粉身碎骨來維護或求其實現。其實，這些以「眞理」的僞裝出現的力量，未必即是眞理。力量不能製造眞理。在較多的情形之下，力量去眞理甚遠。在知識豐富和神智清明的人看來，那爲維護或實現這些力量而粉身碎骨的人眾，並不比撲燈的飛蛾高明多少。

理未易明！

之所以如此，因爲人有人的短處（human frailties）。我們從希臘神話中可以看出對人的短處之描寫。然而，稍加觀察及反思，我們就可知道希臘神話所描寫的人的短處遠不及實際中所有的多。我們在此不能一一將這些短處提到，也不必一一提到。我們現在所要指陳的，是大家容易觸犯而又容易被人利用的若干短處。這些短處，在傳統邏輯中叫做謬誤（fallacies）。

一、訴諸群眾

有一種論辯的方式是訴諸群眾的論式（*argumentum ad populum*）。這種論式就是假定了「多數乃眞理底標準」：多數人贊同的說法即是眞理；多數人不贊同的說法便不是眞理。這也就是說，一個說法是否爲眞，不取決於論證，祇取決於多數。

「多數」是一個函數。這也就是說：對於某項說法，多數人是否贊同，常係出於被動。構成「多數」的，至少有兩類底因素：

㈠既成的風俗習慣或大家已經接受了的說教之類底東西。這一類底東西我們叫做「心理的置境」（psychological collocation）。這類心理的置境，是我們所在的社會及傳統給我們長年鑄造成的。鑄造成了以後，就成爲我們心理生活之底子，或心理生活之一部分甚至大部分。這類心理置境既經鑄成以後，就佔據了我們底心理田地，代我們作主。而在我們之中最大多數人對於這位主人對我們所起的支配作用簡直無有自覺，而是視爲固常，或習而不察，甚至自幼至死都不覺其存在。可是，如果有與它剛好相反的因素刺激我們，那末這位主人翁便作起怪來，常使我們勃然大怒，[1]面紅耳赤，頭冒青筋。五、六十年前，假若中國窮鄉僻壤裡忽然有一個女孩子對她母親說纏小腳妨害身體健康，她母親一定怒目橫眉，大加訓斥。同時，假若這位小姐不願嫁給憑媒妁之言許配的男子，而要同自己底意中人結婚，那末她底老太爺一定大發雷霆之怒，斥爲大逆不道。這些事情，在五、六十年以後的我們看得明明白白，並不是有什麼「道理」，不過是一點風俗習慣在他們腦中作怪而已。安知夫我們今日以爲大不了的某些事在若干年後提起來不過是談笑之資？人，就是這麼一種有趣的動物！

1　一九五九年初版本作：「那末這位主人常使我們勃然大怒」。——編註。

㈡臨時被激動的情緒。這一種因素與前一種因素有密切的關聯，但是並非一回事。前一種因素是透過各式各樣人的建構（human institutions）而產生的。這裡所謂人的建構包括教育、薰習、宗法、禮制等等。臨時被激動的情緒則比較赤裸裸。如果人有所謂「人性」，那末人性中有喜怒哀樂。喜怒哀樂是可以用心理技術激起的。

上述一、二兩種因素相互影響，也可以在一種精巧的設計之下被導向一定的方向。廣告家、宣傳家、革命的煽動家都是箇中能手。導演群眾心理使之發生所期望的效應，這種技術叫做「心理工程」（psycho-engineering）。在現代生活中，心理工程底應用很廣。在心理工程底應用之下，同一社群、傳統、和情境之下的人，恆能發生統計多數的同一心理效應。不過，在不同的國邦和社群裡，心理工程應用之基本目標常不相同。在民主國邦和社會裡，導演群眾心理效應的心理工程常用於競選和推銷商品；在落後地區，常用以製造革命；極權地區，多用於造成清一色的政治行爲。

訴諸多數這一辦法，並非在一切情形之下不可行。但是，可行不可行，必須分清問題。換句話說，訴諸多數這一辦法可行或不可行，須視問題底性質而定。凡無關知識上眞假對錯之判斷而祇有關人眾底意向或利害的問題，可以或必須訴諸多數。凡有關知識上眞假對錯之判斷而無關人眾底意向或利害的問題，不可訴諸多數。例如，在一個飯廳裡，究竟吃饅頭還是吃飯，這兩種意見相持不下時，最好是訴諸多數以求解決。但是，是否日繞地球，二加二是否等於四，這類問題卻不可訴諸多數以求解決。人數底多少，與這類問題之正確的解決，毫不相干。我們總不能說，多數人認爲日繞地球，眞的就日繞地球。在伽利略（G. Galileo）[2]以前，幾乎所

---

2 應作：「Galileo Galilei」——編註。

有的人認爲日繞地球。其實，日並不繞地球。現在我們知道在伽利略以前幾乎所有的人都弄錯了。人數底多寡不能決定眞理。一萬個三輪車夫底物理學知識合起來抵不過一個愛因斯坦。

但是，近幾十年來，群眾煽動家，極權地區的群眾玩弄者，則有意地將眞假問題和利害問題混爲一談。他們常常不分青紅皀白地將眞假問題訴諸多數。這麼一來，是非就亂了。是非一亂，有人就好趁混水摸魚。近幾十年來，世界有若干地區就陷入這種局面之中。在古代，凱撒被刺時安東尼底演說詞是訴諸群眾很著名的例子。在現代。所謂「交付人民審判」堪稱訴諸群眾底代表作。我們知道，一個人是否犯罪，有而且祇有依據法律和事實的證據才能定奪，不能說大家一口咬定他有罪就是有罪。然而，主持「交付人民審判」者則利用「大家一口咬定他有罪」的辦法來判定被審者有罪。這是訴諸群眾的論式之最惡毒的實例。凡藉製造群眾聲威以壓倒異己者都是犯了這一謬誤。這一謬誤不除，是非眞妄即不得顯露，人間也難望獲致太平。

二、訴諸權威

在論辯時，利用一般人畏懼或崇拜權威的心理，引用權威之言來壓倒對方，比如動不動搬出什麼什麼「大人物說」，這種論辯的方式，[3]就是訴諸權威的論式。

權威底範圍有大有小。權威底引用有合於範圍及不合於範圍之分別。[4]

近幾十年來，出現了一種「至大無外」的權威。任何一個人，祇要是藉軍事暴力而攫奪了政權，他不僅立刻變成政治權威和軍事權威，而且立刻變成哲學權威、科學權威、文學權威。斯達林曾經是這種神話式的人

3 一九五九年初版本作：「引用權威之言來壓倒對方，這種論辯的方式，」——編註。

4 一九五九年初版本作：「權威底引用有合於範圍及不合於範圍。」——編註。

物。在他未死以前的蘇俄，他所說的一言一語，無論在什麼場合，都被當作最後的判斷，再沒有討論之餘地，作反對的批評更是休想。

從人類社會發展底歷程和心理因素觀察，權威崇拜在實際上無可避免。無論是個人還是人類，總不能一下子就成熟，難免要經過初民心理（primitive psychology）的階段。初民看見自然界的迅雷疾風，海嘯山崩之不可移易，變幻莫測，由畏懼而發生權威崇拜。在人間，初民心理者對於體軀特別高大和體力過人者，對於善行驅鬼治病之巫術家，由敬畏和神祕感而凝成權威崇拜。遠在有史以前人類就受這類原始性的力量所統治。這類原始性的力量，並不因人類文明底進步而完全消失。在極權地區，「巨人」之塑造，所謂「偉大領袖」之膜拜，是以這類原始性的力量作一方面的原料。[5]

個人和人類既不能一下子成熟，於是從保持與安定社會著眼，權威又不可全無。自覺是雄才大略的人往往厭惡既成的權威。這也許是因爲他自覺地或未自覺地要「彼可取而代也」。這類底人很不高興權威壓頂，所以反權威的心理傾向特強。膽識過人者也不需權威來監護。因爲這種人有自己底看法和主張。所以這種人生來就是權威之漠視者。但是，社會中的人並不都是這類分子。無膽無識者比比皆是，不以雄才大略自況的中年人更多。對於這類人而言，權威確是靠山。權威可以使他們得到安全感。權威可以醫治他們底自卑感。他們一旦擁有一個「偉大的首領」而又自以爲與這個首領是一體的時候，自己便覺得光榮無上，自己也覺得有了權威，而吐氣揚眉。

從知識底傳授和學術底建構方面著想，權威可以說是一必要之惡（a necessary evil）。很少人能夠獨立思想，獨立判斷，獨立研究。最多數的人有待引導，並且必須找一個標準來遵循。有些問題不能解決而極需解決

5 一九五九年初版本作：「在極權地區，『巨人』之塑造，以這類原始性的力量作一方面的原料。」——編註。

時必須有一個仲裁，在這些要求之下，權威常常出來作眞理底替身或代用品。在學術水準高，學術建構穩固，而且學術研究上了軌道的社會，這種替身或代用品常能發生誘導眞正貨色出現的良好作用。有而且祇有在這一境置滿足了的條件之下，權威才是必要的。過此必要，權威常發生反作用，因此便成一惡。權威成爲一惡的情形很多，我們現在祇列舉最顯然易見的說說。

㈠即使在學術水準高，學術建構鞏固，而且學術研究上了軌道的社會，如果對於權威的引用超過必須的限度以外，如果尊重權威超過尊重新的發現，如果祇以權威爲根據不以經驗事實爲根據，如果爲保持權威而行使權威而不是爲維護既有學術成就而行使權威，那末權威之存在與行使，適足以阻礙學術底進步。中世紀士林派底權威，頗有這種嫌疑。亞里士多德底權威演到後來也發生阻礙學術進步的結果。幾乎所有歷史上的大人物和傳世的經典都產生這種結果。時間一久，人一習慣，權威就難免凝固。權威一經凝固，就變成阻滯學術思想進步的頑石。把權威調整到一最適點線（optimum）上，是一件很需有刷新能力而非破壞的工作。能夠從事這種工作的社會即是一個常新而且健進不已的社會。

㈡如果一個社會底學術水準不高，學術建構未鞏固，而且學術研究未上軌道，那末根本沒有藉學術貢獻而建立起來的權威可言。在這樣的社會裡，如果尚有學術權威，那末，不是從別的社會移置來的，便是純靠建構撐架起來的。純靠建構撐架起來的權威，祇有空虛的形式而無實際的內容。這樣的權威，完全是建構底副產品。這樣的副產品，不能作眞理知識底替身或代用品。它本身祇是一種盲目的裝飾品而已。這樣的權威，不僅無所維護，無所穩定，而且徒徒對社會發生腐蝕的作用。

在同一範圍以內權威之必須節制已如上述。在不同範圍以內引用權威便是胡鬧。愛因斯坦對於物理問題的發言之可靠性很高。至於政治問題則大可不必去請教他。如果說一個人因有政治權力而在一切方面都是權威，那末這樣的人是可媲美上帝的。

時至今日，科學底分工很細。科學底分工愈細，權威底範圍愈縮小。目前我們已經步入一個權威的多元時代。

三、訴諸暴力

當我們要別人接受我們底結論或主張時，我們提不出相干的論據而拿暴力或藉暴力來威脅對方，強迫他接受我們底結論或主張，這種辦法就是訴諸暴力。

中國俗話有所謂「秀才遇著兵，有理講不清」。西方有一句諺語說「力量做成正理」（might makes right）。這些話都是訴諸暴力底注腳。

在最多數的情形之下，眞理與暴力是不相容的。暴力之狼從大門闖進來，眞理的小鳥就從窗戶溜走了。求眞理的心理狀態與用暴力的心理狀態是常相扞格的。求眞理的心理狀態是客觀的、冷靜的；用暴力的心理狀態是主觀的、激情的。

不幸得很，人類依然沒有脫離訴諸暴力的階段。訴諸暴力的原始野蠻性質依然在人間流行。在世界許多地區裡的人民依然處於暴力統治之下。

暴力底出現與運用有許許多多形態。暴力底出現與運用有直接的、有間接的；有未建構化的、有建構化了的（institutionalized）。

暴力底出現與運用如果是直接的，那末它底效力相對地小，它所產生的影響也相對地薄弱。一個人拿體力來直接加諸對方以支持自己底結論或主張，即令湊效，也祇止於對方一人而已。即使他能拿武器來做這一件事，效力也僅止於武器底有效射程以內。無論怎樣，他不能不吃不喝不睡覺不捨晝夜地從事這件神聖工作。萬一他要吃要喝要睡覺或患一場小病而手一鬆時，他就不能運用暴力，於是人也就不怕他。他一不被人所怕，他底所謂「道理」也者，也就很平常了。

暴力底出現與運用如果是間接的，那末常擴大而爲威脅。威脅底效力與影響遠大於直接使用暴力。威脅底力量之核心當然還是體力或其他物理力量。不過，這種體力或物理力量並未直接使用，而是擺出隨時可以使用的姿態。這一姿態使感覺到的人產生預支的恐怖心理。這種體力或物理力量一與預支的恐怖心理化合，就成爲威脅。威脅既經構成，則在威脅圈內，無時無地不瀰漫著威脅。在威脅瀰漫著的勢力範圍以內，自然沒有什麼理好講的。

威脅可以說是直接的暴力藉恐怖所產生的利息。如果直接的暴力所產生的直接效力爲n，那末威脅所產生的效力爲n＋1。這多出的利息，完全係由我們本身所有的恐怖情緒產生的。如果沒有恐怖情緒，那末根本無威脅可言。第二次世界大戰以來，自由世界底人民普遍地對於蘇俄懷恐懼之情。其實，除了匈牙利以外，蘇聯底槍子並沒有打來，坦克車並沒有輾來，原子彈並沒有扔下來。而大家之所以這樣畏懼，主要地係由於被籠罩於受威脅的空氣之中。威脅作用，靠著現代心戰技術，如果運用得宜，使別人把他一點點有限的實力看成很大的力量，那末眞可謂「一本萬利」。在動物界中，眼鏡蛇底一幅尊容，頗合於這一原則。

未經建構的暴力所產生的效力範團既不能大又不能持久。因爲，未經建構的暴力毫無文飾；其爲不當使用也，幾乎盡人皆知。未經建構的暴力與羅素所說「赤裸裸的權力」（naked power）類似。沒有藉任何標語口號來殺人越貨的土匪是未經建構的暴力。從前的北洋軍閥和四川軍閥幾乎是未經建構的暴力。美國未開國以前殺人的紅印第安人也是幾乎未經建構的暴力。

不過，人類自有文明以來，純然沒有建構化的暴力並不太多。一般而論，大規模的暴力總是經過建構化的。問題在於建構程度之高下和技術之巧拙有別。在較多的情形之下，比較持久而又規模巨大的暴力係以某種建構爲其組成條件。古代流寇打起杏黃旗子說「替天行道」就是一種建構，有了這一建構，他們底結合可以比較堅固，殺人可以殺得理直氣壯。因爲，「替天行道」是一崇高政治倫理建構之下的產品。他們底暴力一與這一崇高的產品結合，暴力也就崇高了。不幸得很，人類底原始野性並未基本地隨著文明建構底進步而消滅。這猶之乎理髮店雖多而鬍鬚還是要長一樣。在許許多多情形之下，文明建構成爲原始野性底紗面。此點於暴力尤然。我們可以把這一點作更進一步的觀察。

中國歷代新王朝底建立常從藉武力推翻前一朝代開始。前一朝代結束以後，新朝工作底中心就是將它底暴力建構化。儒生之製「朝儀」即其一端。成功了的暴力運用者被稱爲「天子」，被頌爲「聖明神武」，被讚爲「順天應人」，……這簡直成了一套公式。藉著這一套公式，暴力被深藏於層層文飾之中。日子久了，大家習慣了，祇看見表面的文飾，忘記了骨子裡的暴力，於是視藉暴力而形成的局面爲當然。而暴力之臨民也，常在文飾的建構之掩飾中行之。於是，一般人視暴力之凌虐爲理之固常。「君要臣死，臣不得不死。」反對君主，乃不可想像之事。君主之言，縱極盡荒謬之能事，也被認爲是「聖言」。暴力藉著建構常可以穩固而維持得頗久。

近代的幾個革命乃藉暴力奪取政權之顯明的例證。這種暴力之建構化的形態以或少或多的程度與君主專制的暴力建構化的形態不相同。革命暴力底建構化常以新形態出現：講「主義」、講「計劃」、講「建設」、講「革命紀律」、講一個意識形態或意理之下的「教育」、講「全體主義」、講「萬能政府」、講「二分法」、講「一元主義」，……這些東西足以把一般人底頭腦套住，使一般人底心思在其中打圈子，於是視由暴力而撐起的革命權力爲無上的「唯一眞理」。這種暴力之被建構掩飾，更不是一般人看得穿的。所以，一般人爲這類建構底花樣所迷。其實，花樣無論怎樣多，最後的基礎總是暴力。有時，花樣玩窮，水落石出，暴力的眞相露出。匈牙利事件爲我們提供了最觸目驚心的例證。這一例證告訴我們，建立在暴力之上的論證都是插在槍口的花朵。花朵吹落了，槍口就露在大家眼前。

專制暴力好似「遠年花彫」；「革命」暴力則像一罐茅臺烈酒。前者較有歷史性；後者是雨後之花。前者喝到嘴裡溫和一點；後者則辣嘴。可是，二者無論怎樣不同，都是問不得老底子的。假若有人盤問老底子，最後的暴力就臨頭。二者各自可以說出許許多多「道理」；但暴力是最後的論據。你要在這樣的範圍裡講理，就等於在擂臺上講理。從講理的觀點來說，專制體制和「革命」體制都是大武教場。藉「革命」而起家者在骨子裡常是唯力是視的。霍布金斯（Harry Hopkins）吐露一項消息。第二次世界大戰期間三巨頭開雅爾達會議時，邱吉爾說梵諦岡教皇提議應該採取何種行動。斯達林不予同意。他問邱吉爾：「你說教皇在戰事中能提供多少師軍隊？」這也就是說，沒有實力是不配發言的。在暴政之下，人民更是如此。

凡訴諸暴力都是不講理的。斐英（Thomas Paine）發表了《人底權利》（*Rights of Man*）一書，英國政府要懲治他，他逃往法國。一七九二年舉行叛國審判。他底辯護律師是厄斯金（Erskine）。厄斯金申辯道：「壓制就產生反抗。誰要採用壓制手段的話，這就確切地證明道理不在他那一邊。各位先生！你們都應記住盧西安（Lucian）底有趣故事：有一天朱彼得（Jupiter）同一個鄉下人散步。朱彼得以很隨便而和氣的態度同鄉下人談著關於天和地的問題。當朱彼得努力用語言說服鄉下人時，他總是注意傾聽並且表示同意。但是，如果稍示懷疑，朱彼得便立刻轉過身來，並且搬動天雷來威脅，在這種情形之下，鄉下人就笑著說：『啊哈！朱彼得，現在我知道你是錯了。當你搬動武器時，你一定錯了。』我現在所處的情況正是如此。我可以和英國人論理，但是我不能與權威的巨雷鬥仗。」

在任何情形之下，我們不能拿眞理為巨棒服務。

四、訴諸憐惜

在進行辯論時，或提出主張時，不列舉相干的論證而祇透過憐惜之情以使人接受我們底結論或主張，這種辦法就是動人憐惜的論式。

動人憐惜的形式很多。有的一望而知其荒謬可笑，有的則似乎神聖有理。動人憐惜時所舉理由如果有社會傳統或群眾心理的背景，那末奏效更大。在這種情形之下，如果有人指出其邏輯的不相干，就會犯眾怒，就會傷感情。

如果有一個青年殺了人，依法當判處死刑。在這個時分，如果有人說他有老母在堂，他平時事母至孝，若將其處死，必無人奉養，情至可憫。這一路底說詞，在重孝的社會傳統裡，很易博得同情，而可獲減免。其實，在稍有邏輯訓練的人看來，事母至孝與否，和犯殺人罪應否處死，二者各在不同的層界，毫不相干。事母至孝與否，乃倫理界中的問題。犯殺人罪應否處死，乃法律範圍中的問題，二者不可混為一談。某青年既然犯了殺人罪，無論他事母孝或不孝，依法當處死刑那末就處以死刑。即令他眞的事母至孝，也不是減免之理由。

斯達林本是一個極權暴君。平時蘇俄人民慴伏於其鐵腕之下，過渡奴役的生涯。像他這個樣子的暴君及其政權，除了他手下的鷹犬以外，是沒有人喜悅的。第二次世界大戰期間，斯達林遭希特勒攻擊。打得招架不住。於是，斯達林向蘇俄人民提出從事「偉大的愛國戰爭」的口號，拿愛國之情來打動蘇俄人民。「平時不燒香，臨急抱佛腳。」[6] 斯達林們平時不談「愛國」，臨著存亡危急之秋拿「愛國」之情來打動人民，要人民來愛，這中間就含訴諸憐惜的情感成分。在這種情形之下，蘇俄人民忘記對斯達林及其鷹犬的憎惡，獻身保衛其可惜愛的國邦。他們可惜愛的國邦固然被保衛了，斯達林及其暴政也保存下來，蘇俄人民依舊在斯達林及其鷹犬之下過渡奴役生涯。群眾就是這麼易被欺騙的一團可憐蟲！[7]

6　一九五九年初版本作：「平時不燒香，臨時抱佛腳。」——編註。

7　一九五九年初版本作：「群眾就是這麼一團可憐蟲！」——編註。

當著一群人對現在無知，對未來迷茫時，他們便向已逝的過去乞憐。他們抬出過去的光榮和過去的事物，藉喚起人們對於過去的光榮和事物之惜愛來維持現在。這也是訴諸憐惜的形式之一。這一形式，好像常常蒙上一層神聖而崇高的色彩。沒有人可以指出這一辦法之無用。好像一行指出，就是違逆家譜的神聖。其實，抱著祖宗底靈牌何能解決後人底困難？過去的事物是否等於現在的成就？已逝的光榮又怎樣能替今日壯氣？

人常將不相干的事物當作相干的事物。

五、人身攻擊

與人對辯時，撇開問題底本身不談，轉而從對辯者人身方面的因素著眼施以攻擊，以冀取勝；這種辦法就是人身攻擊。

人身攻擊有兩種形式。第一種形式最野蠻；另一種形式比較文明。

第一種形式係藉予對方以侮辱來博取大眾同情來戰勝對方。在施行人身攻擊時，常不談問題，祇說對方底人格如何如何壞，操守如何如何糟，[8]使第三者不相信他底話，而相信自己底話。人身攻擊所用資料，並不一定，可視環境而定。祇要是大家已經接受了的標準，提出加諸論敵之頭而足以使聽眾接受於是而使對方陷於窘境甚至失敗之地步者，都可被援用。大致分別起來，人身攻擊底標準可分兩類：一類是傳統倫理性的；另一類是時代政治性的。在傳統倫理標準尚為某一社會所公認時，我們說某一論敵違反這些標準，即很易引起聽眾憤怒，而置其所言於不顧，於是我們很容易贏得勝利。可惜這種勝利是貌似的勝利。例如，我們宣稱對方「無氣

---

[8] 一九五九年初版本作：「祇說對方底人格如何如何，操守如何如何，」——編註。

節」、「寡廉鮮恥」。在中國社會裡可以得到一低限度的喝采。於是，對方說得無論怎樣合於眞理，也少有人聽他的了。[9]其實，他有氣節或無氣節，寡廉鮮恥或不寡廉鮮恥，與他所說的話是否爲眞理毫不相干。而我們卻以爲相干。我們認爲一個人在道德上站不住腳，其餘便無足觀。之所以如此，係因爲我們長期受泛道德主義（**pan-moralism**）所習染。人固然不可不講道德，但是卻不可爲泛道德主義所蔽。一爲泛道德主義所蔽，是非眞妄的認知就不能抬頭。是非眞妄的認知不能抬頭，科學就不能發展。科學不能發展，在當今之世是不能活下去的，至少不能獨立活下去，

同是倫理標準也有地域與時代之不同。雖然不同的地域和時代的倫理標準可有共同之處，而且提出來可以引起大家的共鳴因而收打擊對方之效。但是，這種爲普天之下共同的倫理標準所收刺激情感之效往往頗爲稀薄。收效較大的倫理標準，往往是地域性和一時性的，尤其是與風俗習慣攪混在一起的。

時代之不同可使倫理標準底效用不同。在五、六十年前，如果我們宣稱我們底論敵「忤逆不孝」，那末馬上可以引起大眾對他不滿，於是他底話也就聽不進。可是，在今日我們要再拿這一類底話來攻擊人，就引不起大家太大的反感。這並不是說今日的人反孝，而是說倫理觀念在蛻變中。

政治性的標準更因時因地而不同。茲以蘇俄爲例。蘇俄以宣傳組織加上暴力硬塑造成一套政治標準。凡不合這一套標準者必陷於不利地位。二十年前，如果論敵被指爲「托洛斯基派」、「帝國主義間諜」、「反革命分子」……那末一定會失敗。當然，不止於失敗而已。其他相同的情形，可以類推。這些情形，在一時一地看起來，彷彿嚴重得不得了。然而，在後世史家看來，祇是過眼浮雲而已。

人身攻擊底第二種形式是利用對方所站的人身立場以攻擊對方底立論。假若對方是個和尚，他主張扔原

---

9 一九五九年初版本作：「對方說得無論怎樣天花亂墜，也少有人聽他的了。」——編註。

子彈者處以死刑。反對的人可能會說：「你是和尚。和尚是戒殺生的，所以你不應主張殺扔原子彈的人。」其實，和尚戒殺生是有條件的。如果有人以殺人爲專門職業，連和尚也要殺，那末和尚是否將「戒殺生」之說應用到該人頭上呢？一個人底立場與某項主張不必有必然的關聯。

一個人底言論正確與否，和他底品格之好壞不相干，和他底政治立場尤其毫不相干。古人說：「不以人廢言，不以言舉人。」一個人格很好的人可能說錯話。一個人格很糟的人可能說正確的話。我們底朋友可能判斷錯誤。我們底仇人可能有眞知灼見。不問人身，祇問是非，人間才可減少無謂的紛爭。

六、以自我爲中心

限於自己底觀念圈子，而不知尙有一外在世界，依此觀念圈子所作的論斷叫作自我中心的論斷（ego-centric predicament）。[10]

在一適當範圍以內，自我肯定本係生物存在之所必須。但是，過了適當的範圍，自我肯定又與自我戀（narcissism）底種種形式結合，便成一種病癥。生活在這種病癥裡的人，祇知有己。不知有人；在自我封鎖的觀念世界裡，把自己幻化得不同凡響，而卑視屬於他人底一切。這種想法常常穿上哲學的法衣。

這裡所謂的「自我」可以擴大。它可以是我一個人，也可以是我所出生的鄉村，可以是我所在的社群，可以是我所在的學校，可以是我所在的國邦，可以是我所在的文化背景，……「自我」在這些範圍裡擴大時，極易與「團體意識」化合。於是，「我」所在的團體總是最好的。碰到團體以外的人直率地批評我所在的團體有

---

10 「自我中心的論斷」，應作「自我中心的困境」——編註。

何弊端時，我總是不問青紅皀白，不怡於色。於是，我與人之間豎立起一座心理鐵幕。當然，這座心理鐵幕正是許多人所需要的。

鄉間的老太婆有的終身足步不出一鄉。她們總以爲她鄉間的雞是世界最美麗的，自己養的豬是最肥的，門前的山是最高的，……我們聽到這種「言論」，往往好笑，覺得她「孤陋寡聞」。但是，我們也得檢查檢查我們自己，看看我們自己有否類似的論斷。「文章是自己的好」，可見從前中國文人中自我戀的爲數並不在少。以自我爲中心，乃一般人容易發生的心理傾向。有了以自我爲中心的心理傾向而未自覺時，許許多多其他論斷便易以之爲基礎而累積起來。這種累積，在許多人是年深日久，毫不自覺的。也許，飽學之士可以將這種累積文飾得冠冕堂皇。但是，追到最後，其起點不過是一點「以自我爲中心的論斷」而已。

這種自然的心理傾向，很易被人有計劃地加以深刻化和擴大化，而達到種種實際的目標。第二次世界大戰以前的日本教育裡就含有很深的自我中心論斷。日本教育者們對下一代說日本很大，天皇至上，大和民族最了不起。蘇俄政府說無線電報是俄國人發明的。希特勒高唱「種族優越論」。他對德國人說日爾曼民族是世界最「優秀」的民族。伊拉克人說世界最古的文化在伊拉克。……言之者神氣活現，聽之者唯唯諾諾，覺得面上頓時增了三分光采，渾身立刻舒服。

除了誇大狂以外，沒落的世族喜歡這一套。因爲這一套可以充實眼前的愴涼；自卑者可以之聊以自慰；前途迷茫者可以之自我陶醉。自我陶醉確爲如夢人生之所必須，但是可惜不能拿來面對現實。當我們亟需護短時，這一套尤爲不可少的恩物。

羅素說：「我們所有的人，無論是來自世界任何部分，都相信我們自己底民族優於別的民族。其實，每一個民族都有其特具的優點和缺點。究竟那一個民族最優秀，有理性的人會承認這樣的一個問題是不能有顯然正確的答案的。」

這一段話，既不是出於狂熱之情，又不是出於自卑之感，而是出於觀察客觀事實的判斷。大家都承認這一事實，對於自己不須施行蒙蔽，對於他人又好相處。顯然。在這個地球上，大部分人還處於一個原始的階段。要大家能接受羅素底看法，還得有待科學教育底展進和普及。

七、過分簡單

眞正有所說明的道理，無論就衍發底程序說，或是就形製底手術說，很少是簡單的。眞正能解決實際問題的方案，也很少是簡單的。經得起長期考驗的眞理，大多是學人長期研究的結果。這類結果之衍發常常是經歷了複雜的程序；而且其建構也是複雜的。學人得來既然如此不易，我們門外漢自然不能希望了解於一夕之間。關於眞正能解決實際問題的方案，尤其如此。我們要制定解決實際問題的方案，在一方面必須針對問題動用一切相干的知識和技術，在另一方面必須對於該問題具有豐富經驗的了解。這樣的方案制成以後，如果要付諸實施，還得以嘗試的態度一點一滴去做，看這一方案是否在經驗中可行。

但是，對於這樣複雜的程序和建構，一般人感到不耐。一般人所喜歡的，是簡單的確定（simple certainty）。他們愛的是萬靈丹。有此一丹，可治百病。他們不耐煩一磚一石地建造羅馬。他們希望天國於一夜之間降臨人間。這種過分喜好簡單而又急切的心情，是一般人底一種通病。一般人既有此通病，自然很易被導向特殊的目標。大家喜好簡單而又急切，於是口號、標語、主義、教條、理想……大量應市。然而，這些廉價的商品被證明老是沒有實用價值時，跟著來的便是失望、幻滅、沮喪。

心靈成熟的人知道眞理是辛勤的產品。激動群眾心理的東西不一定是眞理。眞理不一定能驚世駭俗。要能獲致眞理和解決問題，祇有切實用腦用手從事研究科學。

第二章　了解科學

提到科學，不免誤會叢生。基於這些誤會，許多人從正面或從側面反對科學，或者直接或間接地打擊科學。雖然這些人對於科學毫無所知，但是他們之所以發生這大的勇氣，主要的原因係科學的結論有損於其尊嚴，動搖其無限的信念，打消其如意算盤（wishful thinking），拆穿一切社會神話（social myth）。這些結果，不是有傷若干人底情感，就是損害他們底利益。當著人底情感和利益被傷害時，他們自然會發生一股勇氣來消滅傷害之源。然而，這種反對，無論具何文飾，祇是原始本能衝動的表現而已。時至今日，如前所述，不懂科學的人，根本不能獨立生存。他們不能得到合於水準的衣、食、住、行、醫藥，更沒有自衛的力量。所以，時至今日，反對科學無疑是自殺的行爲。人們要能免於人爲的淘汰而且良好地生活下去，就必須研究科學。研究科學不是枝枝節節的，而是首先必須對科學有一個正確的了解，善於運用科學方法。有了這一方面的認識和訓練，然後再究習科學技術，才不是汲取無源之水，

蘭於科學的誤解，菲格（H. Feigl）曾有比較詳細的論列和疏導。我們現在的討論主要地以他所說的爲根據或引線。

㈠**有些人士，特別是些傳統主義者，認爲科學不能確立人的事務之基礎**。之所以如此，因爲科學底本身是不穩定的。科學底知識常常在變動之中。本身不穩定的東西，顯然是不能拿來作其他事物之基礎的。

從科學史上考察，我們可以看出科學確乎常在變動之中。科學中之嚴格者如物理學也不能一成不變。

物理學底變動，不僅是枝節的，有時甚至是基本觀念的。其他嚴格程度較低的科學，更無論矣。不過，如果這種變動使科學更逼近於「實在」，那末比之不更逼近於「實在」，是否更能作確立人的事務之基礎呢？

說科學不夠穩定的人往往以為知識底確定性別有來源，而且這種來源在性質上與科學不同。例如，先驗或綜合的先驗等等。這種想法，是經不起嚴格考驗的。所謂的「先驗的知識」，就是不靠感覺經驗而成立的知識。這類底「知識」，照現在解析起來，無一不是約定俗成之結果。所以，這類「知識」底確定性是約定的確定性。離開了約定，無確定性可言。離開了約定而求知識底確定性，即令不是幼稚的行為，也是思想尚未成熟的表現。關於經驗的知識，沒有必然可言，祇有蓋然可言。蓋然有程度之大小。從邏輯的眼光來看，我們要獲致經驗的知識，祇能藉試行錯誤（trial and error）來摸索。數理的演算，以及觀察和實驗的技術，祇是幫助摸索的工具而已。我們並不知道整個宇宙底圖象及其發展底歸趨。自稱知道整個宇宙底圖象及其發展底歸趨者，無一不是玄學的妄人。

(二)**有些人說，科學不過全然起於實用的需要**。因此，科學底唯一價值，祇是滿足這些需要而已。

這種說法即使並非不合事實，但非全部事實。誠然，實用的需要刺激科學的研究。然而，科學的眞理之獲致，必須完全獨立於實用需要的考慮。稍有這種考慮[11]，科學眞理之獲致，便會蒙受不利的影響。

科學對人類的影響，除滿足實用的需要以外，更重要的是態度與方法。科學提供我們比較可靠的看事看人的態度與方法。科學的態度與方法，和迷信、社會神話、意理，以及形上學這一類底東西對照起來，它給人的影響，意義更遠較技術的成就為大。迷信、意理和社會神話這一類底東西，常能給人以情緒上的高度滿足，並凝固人底偏執之見，因而也常引起人瘋狂的衝突，或對他人的瘋狂迫害。歷來的信條戰爭，

11 一九五九年初版本作：「必須完全獨立於實用需要的顧慮。稍有這種顧慮，」——編註。

或異教迫害，都是因此引起的。如果我們本著科學的態度和方法來看人看事，結果不致如此乖謬。自然人類學（physical anthropology）不支持任何種族優越論。斐希特（Fichte）說他德國人是「我」，法國人是「非我」。除了他自己奇奇怪怪的形上學以外，沒有任何科學命辭支持這種奇奇怪怪的說法。黑格爾和馬克斯這一丘之貉[12]說，歷史底發展循正反合的途徑。沒有任何科學告訴我們究竟什麼是「正」，究竟什麼是「反」，究竟什麼是「合」。沒有任何科學能證明世界歷史底發展是「合」於德意志人；正猶之乎沒有任何科學能夠證明世界歷史底發展是「合」於共產制度。有而且祇有科學才能幫助我們洗滌這些情感的染色，人類才可認知於一少顏色的共同的經驗世界裡。人類認知於一少顏色的共同的經驗世界裡，無謂的糾紛才能減少。

也許有人不以爲然。他們很容易地看出，氫彈、鈷彈這些殺人利器都是科學研究的結果。所以，他們不能相信科學能減少人間的衝突。恰恰相反，由於這些殺人利器之發明，人間的衝突更趨尖銳化，人類愈益瀕臨毀滅的邊沿。而這些殺人利器都是科學研究的成果。所以，科學愈發達，人類自我毀滅的危機日益深刻化。

這種說法，根本是由於「科學」一詞用法之不愼所引起的。當著這些人用「科學」一詞時，所指謂的是科學的技術層面。如果他們所說的「科學」與「科學的技術層面」同義，那末上列論斷是正確的。但是，科學最基本的部分不是技術，而是科學的態度、科學的方法，以及科學的理論。如果他們所說的「科學」包括科學之這些基本的部分，那末上列論斷是不能成立的。

在事實上，許許多多人在根本心理狀態上是迷信的、意理的、社會神話式的、形上學的：而在手段上

12　一九五九年初版本作：「一坵之貉」——編註。

卻是採取科學技術。這就是最文明的工具被操縱於最野蠻的頭腦。這種情形與叫猴子拿手槍頗相似。這樣闖出來的禍，科學怎能負責？[13]

我們如果要減少人間的禍患，不可迷信其頭腦而科學其雙手；而必須在根本心理上採取科學的態度和方法來看人看事，在手段上採取科學技術來對人對事。這樣徹頭徹尾的採用科學，而不是玄學其首科學其尾，人們才可望和平相處。

㈢**有些人說，科學是建立於沒有經過批評的預先假設**（presuppositions）**之上**。科學是靠科學自己底標準來證明科學的看法。所以，我們如果用科學方法來解決知識問題並且決定行爲方向，那便陷於循環論證的謬誤。

現代哲學解析底功能之一，乃釐清科學底基本假設，並批評其方法。科學底哲學之興起，更是嚴格地批評科學底基本假設。科學底哲學家將這一類底工作成就用來掃除科學理論構造中隱藏的獨斷之見和形上學的成分，並且建立科學之純淨的理論架構。這種工作，自馬赫（Mach）、潘迦列（Poincare）、希伯特（Hilbert）以來，進行得很有成果。藉著邏輯解析的方法我們可以知道，科學方法是能夠產生比較可靠的知識之唯一的方法。至於神學、形上學、神祕主義、直覺和辯證法這一路底東西，顯然都與科學方法大相逕庭。這一路底東西，也許能滿足人別方面的需要，但不能藉以獲得認知的知識（cognitive knowledge）。如果有人一定說這一路底東西對於人類之認知的知識有何貢獻的話，那末這樣的貢獻有而且祇有藉通常的科學方法來考驗和鑑定。嚴格地說，不經由科學方法，即無認知的知識可言。一般來說，這些東西底根本目標，似乎不在製造知識或認知的知識，而是像藝術一樣，在於充實我們底經驗內容，或者充實我們底心靈生活。當然，在這些東西之中，有許多是反科學的（antiscientific）；不過，另外有些則無所謂反科學或不反科

---

13 一九五九年初版本作：「科學是不能負責的。」——編註。

學，而是科學以外的（extra-scientific）東西。反科學的東西常有害於人生。科學以外的東西之存在，則未嘗不可使人生底內容豐富。

人生本來是一個大雜燴，僅僅科學一樣是不夠的。人生需要五味調和。

㈣**有人說，科學的定理定律不盡合放事實**。科學往往用削足適履的辦法納事實於其定理定律之內。有時，事實是聯續的，科學卻把事實說成不連續的。有時事實是不連續的，科學卻把它說成連續的。科學所用的方法常爲抽象的。有抽象就有捨象。一經抽象與捨象，就是爲事實之記述預立型模。這麼一來，我們便不能得到有關經驗之豐富而繁複的內容。

這種批評底基本錯誤，在把表達（representation）與再造（reproduction）混爲一談；而且以爲科學必須把經驗再造出來。無論怎樣，科學總得用語言文字、符號、圖表等等表示出來。這些工具，祇能用來「表達」事實，並非「再造」事實。我們也不能希望在思想中去「再造」事實。

這種批評隱含著一種無目標的漫言。這也就是說，作這種批評的人要求科學漫無目標地再造事實。如果共相可以無限地逼近殊相，如果語言文字、符號和圖表可以窮舉實在，那末，在邏輯上，我們沒有理由說科學不能逼近地表達實在。但是，這種漫無目標的工作，除非一個人有做上帝的興趣，似乎是沒有人願意做的。

雖然，經過抽象工作而致科學不必即能再造實在之全體；但是，如果科學的表達在某一層界完善，那末我們可以依之再造實在之某一層界。例如，依照原子理論和公式，我們可以造出原子彈。我們綜合地應用好幾種科學，可以造出地球衛星。我們也不難依據物理學、化學和氣象學的知識製成人造雨。……

科學底工作是求發現關於某種事物在某種條件之下可靠的和精確的知識。因此，科學是盡可能地逼近事實之眞相。至於連續或不連續，都可用數學方式表示出來，而且祇有藉現代數學的技術才能表示得適切。

㈤**有人說，科學祇能對付可度量的事物**。因此科學易將不能度量的事物「解釋掉了」。

性質思想（quality thinking）與定量思想（quantity thinking）乃初民與現代人分別的標記。初民對於事物的感受之最敏銳者爲性質差異。初民也容易拿性質差異來範疇萬事萬物。性質差異中隱含著無窮盡的神祕意含（mystic connotation），於是社會神話與形上學由之衍產而生。

對科學作這種批評者所說「不能度量的事物」，意義殊欠明確。所謂「不能度量的事物」，是先天地不能度量，還是在技術上不能度量？如果說「不能度量的事物」是先天地不能度量，那末根據何在？怎樣證明？如果說「不能度量的事物」在技術上不能度量，那末就不能證明它在原則上不能度量。在技術上不能度量時，不必在原則上也不能度量。如果X在原則上可以度量，那末在技術上是否可以度量，全視當時當地的技術水準而定。如果某一時期的技術水準不足以度量某一事物X，那末我們沒有理由說在日後技術水準進步時我們不能度量它。腦電波，撒謊時的心理之生理的效應等等，在從前是被認爲不可度量的。現在則可以。

定量思想乃現代文明底標記。有而且祇有將研究的題材度量化（quantification），予以數學的處理，知識底精確程度和互爲主觀的程度才可增加。當然，這話並不涵蘊，科學的題材目前可以完全度量化。這話也不涵蘊，統計資料已可當一決定程序（decision procedure）看。不過，無論怎樣，度量化，乃科學研究應趨的道路。

㈥**有人說，科學從來不能夠「說明」經驗現象**。科學祇能「記述」經驗現象。因此，現象以外的實在世界也就非科學之所能及。

把宇宙分做「現象」與「實在」是一種傳統的錯誤。爲什麼耳之所聞目之所見偏偏不是實在的，而心裡所想的形式就一定是實在的呢？爲什麼是實在的必須是在思議中永恆不變的，而在思議中不是永恆不變的便不是實在的？「現象」和「實在」之劃分線又在那裡？何以可感覺的是表面的，而不可感覺的則是在背後的？何以「現象」一定次於「實在」？

這些問題，有一方面是名詞之爭；而深藏於其間的則爲一價値判斷：自柏拉圖以降，許多人將可觀察的東西看得很輕，而將心靈的建構看得很重。當然，浸透於這一價値判斷背後的，尙有一情感成分。有人好追求那「永恆不變的世界」。他們把「眼前可變的世界」看作是過眼浮雲。

從認知的層界著眼，把宇宙分作「現象」和「實在」而又輕重揚抑於其間，根本是毫不相干的舉動。要說是「實在的」，則凡有的，包括可感覺的及可思議的，都是「實在的」。如果我們要玩弄命名的自由，那末，我們要說凡存在於宇宙之間的都是「虛幻的」，我們說感覺世界是「虛幻的」，可思議的形式同樣是「虛幻的」。科學是認知的活動及其產品。因此，「實在」與「現象」之分，對於科學也毫不相干。科學既不研究「實在」，又不研究「現象」。它祇研究可經驗項。沒有任何有關經驗的學問在科學之上；也沒有任何有關經驗的學問在科學之下。

作上列批評者所用「說明」一詞是很混含而有歧義的。如果所謂「說明」是我們日常語言裡所涵蘊的用法，那末科學確乎說明事實。科學將事實命辭從種種定律或理論的臆設裡推演出來。至於問，有那些題材或事實在原則上不可能用科學方法來硏究，這類問題，嚴格分析起來，並非一個知識上的問題。這類問題，攙雜了情緒和價値成分，也有民俗學的成分。

(七)**有人說，科學與宗教不相容**。這一批評是否爲眞，要看依什麼條件而定。如果宗教代替知識或侵入知識底園地，那末科學與宗教之不相容，雖無邏輯的理由，在事實上是不易避免的。如果宗教不代替知識或侵入知識底園地，而祇在信仰的天地裡活動，那末科學與宗教不會狹路相逢。如果二者不狹路相逢，那末無衝突可言。不獨二者無衝突可言，而且在生活上可以互爲補償。

從歷史觀察，宗教與科學之所以發生不愉快的事情，係由於二者都沒有守定「分土而治」的原則。這種不必要的浪費，今日已在迅速減少之中。

(八)**有人說，科學對於現代文明底種種罪惡和失調之處應負責任**。科學製造毀滅性的武器，值此機械時代，科學技術之應用，造成現代人在心理上和生理上的種種病癥。因此，人類愈進化，道德愈墮落。

這種對於科學的批評可以說是最浮淺的，對科學最不相干的。目前世界之所以發生各種各樣的罪惡，主要係由政治和經濟不適合於大多數人之良好的生存所致。政治和經濟爲什麼不適合於大多數人之良好的生存呢？因爲不依照科學之故。除了西方地區以外，在世界許多地區裡，政治現況和經濟現況中，該夾雜著多少不合經驗與邏輯的成分：關係於眾人禍福的權力要靠流血搶奪。奪得以後操諸極少數人之手。這極少數人藉此權力發洩情緒，或實現白晝夢囈，或滿足私欲。大家底生活資據被用作對權勢屈從的交換條件。教育被當作灌輸社會神話的工具。……凡此等等，無一爲科學所提供。

科學可以告訴我們，什麼是眞正的人性。因而科學可以告訴我們什麼是大家所喜欲的生活。[14]在這一心理的經驗基礎之洗露上，我們知道怎樣的政治制度和經濟制度才適合大家底且好生活之要求。時至今日，科學家愈來愈加庇到他們必須爲使眾人能夠適當運用科學知識而從事啓蒙工作。從前，社群靠大法師，聖人，賢哲之言作生活底指導原則。顯然得很，這些人所言已不適用於新的形勢，所以社會敗象畢露。欲救此弊，必須拿嚴格的科學知識代替前人底教言。

(九)**有人說，科學的知識對於眞理是中立的**。研究純科學的人是居在象牙塔裡。因此，科學家容易對當前的人生切要問題漠不關心。

實際的問題固然可以刺激科學的理論研究；但是，科學的理論研究必須不受實際需要所左右。稍爲之

14 一九五九年初版本作：「因而科學可以告訴我們什麼是大家所喜欲的。」——編註。

所左右，理論便爲之歪曲。熱心增進人生幸福則是另一件事。二者雖然不是一回事，但並不相衝突。二者不僅不相衝突，而且相輔相成：理論可以用來解決實際問題；實際問題可以刺激理論研究。所不許可的，祇是正在作理論研究時，把實際需要的動機直接攙雜進去，影響研究的進行和左右研究的結論。所以，攻擊「個人興趣」，輕視「純技術觀點」，都是無的放矢。

(十)**有些人說，科學方法在說明、預斷，並控制物理現象時固然極其成功；可是，在研究有機事實時則成功極少；而科學研究心靈現象和社會現象更無成功的希望。**物理科學底方法，即使不是唯物主義的，也是機械主義的，因而不免在應用時忽略了或抹煞了許多重要的非物理因素。所以，科學無從說明生命與心靈之複雜的有機現象，有目的之行爲，以及突創的演化等等。

時至今日，許多批評和非難科學者說我們這種重視科學的看法是「科學主義」。的確，有些科學家忽視生命與心靈之複雜的有機現象，有目的之行爲，以及突創的演化之特點，而將事情看得太簡單。但是，許多第一流的科學家所表現的科學態度則不是如此浮躁。我們承認，在科學中，尚有許多重大的問題沒有解決。但是，我們得問，如果要解決這些問題，除了科學方法以外，還有什麼別的方法呢？時至今日，我們不能相信玄學高於科學，說玄學可以解決科學所不能或尚未解決的問題。我們沒有理由說有機與心靈事實在基本上不適於用科學方法來研究。如果有的題材用科學方法都求不到確定的解決，那末我們有充分的理由相信由其他門徑更無法解決。癌症是目前科學家束手無策的病。但是，我們不能相信講陰陽五行之道可以治癌。

自二十世紀初葉以來，即使在物理學中，「機械主義的」解釋方式已被摒棄，但是，如果所謂「機械式的」解釋，係意指尋求一定的定律，那末它依然是一切高級科學所不可少的研究程序。這裡所說的高級科學：意指超過那純然搜集事實階段而達到廣含的解釋階段之科學。所謂有機的整體、目的論，以及突創的演化等等，如果可以了解和研究的話，祇有藉科學方法在通常的經驗基礎上爲之。離開了這二者，我們對之得不到任何客觀的知識。

㈩**有人說，科學不能決定價值**。因爲，充其量來，科學祇能發現世界底眞相。但是，就科學底性質說，它從來不能告訴我們應該怎麼做。

對於科學的這種挑戰，往往來自神學或形上學。形上學家常常以爲關於目的與理想問題，不能藉科學方法解決，而必須乞助於神的啓示，良心的呼喚，或是形上學的先驗眞理。

對於這種挑戰，我們底回答是：即使科學不是或不可能是倫理價值決定之充足而又必要的條件，至少也是必要的條件。這也就是說，我們要作倫理價值決定，必須在科學所提供的經驗知識基礎上爲之。否則便是盲目決定。盲目的倫理價值決定，常常是很危險的，或者是根本行不通的。

理智成熟的人必須依照人底需要、欲求，以及社會狀況等等實實際際的因素，來決定倫理價值標準。這並不是，在決定倫理價值標準時，科學可以直接代庖。同時，我們並沒有具備足夠的科學知識來一一解決現代的緊迫問題。不過，除了依賴目前所有的科學知識以外，我們不能盲人騎瞎馬似地在科學以外去找依據。

在以上，我們已經列舉並且辯正了對於科學的一般誤解，在以下，我們要進一步指出科學共同具有的特徵。我們在以下所說的，仍然以菲格底提示爲基礎或引線。

㈠**互爲主觀的可檢證性**（intersubjective testability）。一般人常說，科學必須有「客觀性」。我們現在說，科學需有互爲主觀的可檢證性。所謂「互爲主觀」，意即一個命辭或概念爲不同的個人所了解或應用。依此，所謂「互爲主觀的可檢證」，意即一個命辭或概念可以爲不同的個人所互相驗證。這種辦法，可以使科學免於受個人的偏見或文化的偏見之支配；不僅如此，而且可使任何具有適當知能以及在觀察或實驗方面有專門技術的人，在原則上都可以把科學知識付諸檢證。這裡所謂「在原則上都可以把科學知識付諸檢證」，意思就是說，科學知識至少可以間接地予以證明或予以否證，或者在某種程度以內予以證明或予以否證。我們之所以不用「客觀性」這個名詞而用「互爲主觀」這個名詞，除爲了避免傳統哲學上的意涵以外，係爲著重科學研究工作之實際社會的性質。如果有何「眞理」祇能爲少數特殊分子所了解，那末這類所謂的「眞理」不是我們在科學中所能找得到的。「互爲主觀的可檢證性」這一標準可以幫助我們把科學活動與非科學活動加以區分。

宗教的狂熱，愛之激情，藝術家底靈感，甚至科學天才之靈光一現，都不能算是科學的活動。這一類底活動，也許可能變成科學研究之題材。但是，僅僅靠這些活動底本身，不足以構成有效的知識。在科學的直觀中，或者像在心理範圍裡的同感作用一樣，這些活動常常是衍生知識的工具。然而，我們要把這些活動變成知識，必須滿足二個條件：1.把他們組織成互爲主觀，因而也就可以理解的構造；2.可以付諸適當的檢證，俾便確定其是否可靠。有許多信仰是超乎一切可能檢證的。這也就是說，我們無論藉觀察、實驗、測量或是統計的解析方法，都不能檢證這些信仰。這類底信仰，有人認爲是神學的信仰或形上學的信仰。無論怎樣，這類底信仰既然無法付諸檢證，因而也就不具常識語句或事實科學底語句所有的那種類型底意義，在原則上不能印證的神學和形上學可以叫做超越的神學及超越的形上學。從科學底哲學觀點看來，超越的神學和超越的形上學中的那些說素，其所以使這麼多人激動，主要地是其中所含情緒的因素使然。顯然之至，語言文字之圖象的、情緒的和機動的聲訴力，對於實際的生活、藝術和教育等等是不可少的，也許還是有價值的。不過，無論怎樣，我們不能把這些東西與具有認知意義的知識混爲一談。這裡所謂「認知的意義」（cognitive meanings），包括純形式的意義和經驗的意義。具有純形式的意義的知識之代表的例樣爲邏輯與數學。具有經驗的意義之知識爲化學、地質學、生物學、心理學等經驗科學。

(二)**有足夠的印證程度**。這是科學知識之所以成爲科學知識的第二個標準。這個標準幫助我們劃分「意見」與

「知識」。意見可因人而異，可因情感而移，可隨立場而變。知識則不能因人而異，不能因情感而移，不能隨立場而變。能夠改變知識的，有而且祇有共同世界裡的經驗。顯然得很，這個標準與前一個標準不同，我們固然可以說科學中已經印證了的定律、定理、假設，與不十分有根據的猜測及試行提出的觀念，這二者之間並無一條幾何學的界線可劃。不過，在一般情形之下，我們試行提出的觀念或假設，有時固然被吸收到科學知識裡去，有時因得不到印證而被放棄。我們有時所追求的眞理常爲基於輕率的推廣作用而形成的判斷，或者是基於薄弱的類比作用而形成的判斷。基於這些因素而形成的判斷，常常與「如願的想法」結合，而成錯誤之源。

㈢**有組織**。科學必須是有組織的知識。我們要知識有組織，必須將知識納入一個系統之中，或把知識組織成一個有系統的形式。既然如此，科學知識必須是各部分彼此融貫的。在同一系統之中，這一部分的知識與另一部分的知識互相矛盾，或者首尾大相逕庭，或者結論否定前提之眞，這些情形之發生，在科學裡都是不許可的。我們在科學裡所尋求的，並非一堆雜亂無章的片段的消息，而是一組安排妥貼的語句或命辭。就科學的敘述而論，融貫即是分類、歸類、圖解、統計等等。就科學的說明而論，融貫表現於科學假設與定律之間的調和。科學中的假設與定律可以當作前提。從這樣的前提出發，我們藉邏輯數學的方法，推演出已被觀察的事實或可被觀察的事實。這些事實，本來是屬於各種不同範圍裡的，經過一番系統化的處理程序，於是整合於一個融貫的統一的結構之中。

㈣**有廣含性**。科學底一大特點乃在它有廣含性。這裡所謂「廣含性」底意思是說，在科學中，往往以相對少數的基本觀念、假設、定律，來說明相對多數的事項。這就是俗話所說的「以一馭百」。科學就有這種「以一馭百」的力量。因爲科學有這種力量，所以它能收穫記述的經濟，說明的經濟，以至於思想的經濟。因此之故，一般人對科學所獲得的最深印象，就是以爲科學乃「完備的知識」。不過，科學底這種成就，與形上學家幻構的所謂「完整的宇宙圖象」是不可混為一談的。形上學家底宇宙圖象乃如願的想法、情緒和語言魔術三者之結晶。

除了上面所陳示的以外，科學底一種重要特點就是有懷疑的態度。我們幾乎可以說，沒有懷疑就沒有經驗科學。假若一個人視一切為故常，他看見自然之運行，他聽到前人底言論，他生活在一種風俗習慣裡，……一切認為當然如此。這樣的人，誠然不缺少確定之感（sense of certainty），而且說不定還很快樂。但是，這樣的人，祇能過螞蟻或蜜蜂式的生活，他不能有何知識。既不能有何知識，當然也就不能有何科學。

純粹的經驗科學起於對自然和人生的懷疑。對於自然和人生，一般人不大發生疑問，科學家則發生疑問。有了疑問就要求解答。要求解答，則可逐漸衍出科學知識。[15]所以，我們幾乎可以說，懷疑乃科學之母。對於自然需要懷疑；對於社會的建構尤然。

懷疑必須徹底。懷疑態度的應用範圍必須毫無限制。如果懷疑而不徹底，也許毛病就躲藏在那不徹底的角落，於是問題不能透徹解決。懷疑態度的應用範圍如果稍有限制，那末眞知灼見永遠不能抬頭。對於眼面前的事物和建構（institutions）固然可以懷疑，對於遠古的傳統也可以懷疑。對於平凡人底言行固然要懷疑，對於似乎並不平凡的人之言行也須懷疑。因為，正如波柏爾教授（Prof. Karl R. Popper）所說「偉大的人物可能製造偉大的錯誤」。平凡人底言行之影響較少。偉大人物底言行之影響較大。所以，對於偉大人物底言行之懷疑應大於對平凡人物底言行之懷疑。普遍地說，對於人底言行之懷疑程度必須與其偉大程度成正比。

可是，有些人對於別人所奉贈的懷疑態度不大歡迎。凡自以為所言是絕對眞理者不喜歡別人懷疑。部落裡的酋長不喜歡別人懷疑。大法師不喜歡別人懷疑。這些人拒絕懷疑的辦法很多。當他們拿言辭勝得過對方

15　一九五九年初版本作：「要求解答，則逐漸衍出科學知識。」——編註。

時，他們並不吝惜拿種種預先編造好了的言辭來對付懷疑。當言辭失效呢？「圖窮匕見」，他們就露出暴力（brutality）的本色，暴力也不靈了呢？他們底「眞理」也就隨著大江而東去，煙消雲散。照他們看來，懷疑就是不忠的表現。而無條件地信仰則爲力量之泉源。所以，他們要利用種種建構來培養絕對的信仰，並且打擊和消滅懷疑。這一心理工程底「哲學基礎」就是「眞理絕對主義」。「眞理絕對主義」與「獨斷主義」是一對雙生子。任何人一中此毒，神經就爲之僵固，再也沒有商量之餘地了。

懷疑與猜忌根本是兩回事。猜忌是自卑的產品；也是唯恐他人奪去權利的心理反應。猜忌之最深的一層是罪犯感。患有罪犯感者，因所有物得來不正，時常怕別人也以不正當的方法奪去，患得患失，所以猜忌重重。猜忌者以自我爲中心。自我被封閉於一孤立的小世界之中。這種人之對他人猜忌，完全是恐懼心理之放射。所以，猜忌是主觀的。猜忌者所作的判斷是自行證明的。這也就是說，猜忌者所作判斷，並不拿事實來檢證其眞假；而祇是以猜忌的心理來支持從猜忌的心理出發所作的判斷。這是以心理來證明心理，從一種心理出發又回到這一種心理。所以，猜忌者可以說是生活在一個「獨我世界」裡。這種人生活在這種世界裡才感到心滿意足。

懷疑則是理知追求的表現。科學家並非爲懷疑而懷疑。懷疑不是目的，祇是一個手段。懷疑是致知的手段。科學家把懷疑作爲一種程序，希望由這種程序得到無可懷疑的結論。科學家固然要懷疑，這懷疑的時間也許很長也許很短；但是，一旦理論圓通而且證據確鑿之時，懷疑即行終了。

人並非不須有所肯定。然而，沒有經過懷疑而行的肯定，不是盲目的肯定，便是武斷的肯定。盲目的肯定來自權威之言，風俗習尚，隨聲附和。抱盲目的肯定以終老，無頭無腦，這樣的肯定有什麼價值？武斷的肯定，常以先入爲主，或與情緒結合而成。這樣的肯定，也許很強烈，但往往不能與經驗事實對照。有而且祇有經過一番懷疑，把一切非理知的成分淘除了，把一切不夠牢靠的論點消掉了，這樣得來的肯定，才可能是顚撲不破的眞理。

顯然得很，這樣的眞理是很難求得的。要求得這樣的眞理，唯一可靠的方法，就是科學方法。除了科學方法以外，如果尚有所謂「致知的方法」，那末一定是旁門左道。旁門左道，也許能給我們以別方面的滿足，但其去眞理也益遠。談到科學方法，眞是千頭萬緒。

而且關於科學方法的實際細節，祇有各種部門的經驗科學家才能把握。這些不是我們現在所能討論的。[16]我們所需要研究的，是一切科學方法所共通的原理原則。

16 一九五九年初版本作：「這些不是我們所需要研究的。」——編註。

第三章　科學與語言

我們談科學，首先不能不談科學之語言層界。如果談科學而不談科學之語言層界，那末便根本無從著手。一個典型的科學研究工作包含著下列步驟：觀察，觀察底報告，假設底陳述，演算，預測，藉作其他的觀察來檢證我們所作預測。在這一序列底動作之中，除了第一和第末以外，無一而非語言活動。復次，科學家所研究的成果之累積，可以說是科學底正身。科學底正身，更有賴於語言文字底紀錄。例如，我們所觀察的資料之圖表、預測報告、演算之公式等等。

不過，科學語言與日常語言不盡相同。雖然，科學語言與日常語言可以同是自然語言，如英、德、法、意等語文，但是科學家應用自然語言底方式與日常用法不一樣，至少對於居關鍵地位的名詞字眼之用法與日常用法不一樣。不僅如此，愈是精確而成熟的科學，愈多用自然語言以外的記號來表達或組織其特有的意念，或其所要特別對付的事實。[17]例如 α 鎳、β 鎳、γ 鎳等等。所以，我們說，科學語言是專門化的。在此專門的語言中，科學家常以可能簡括的方式來敘述事物。科學家所作的這種敘述所包括的事物，如果用日常的語言來敘述，那末非連篇累牘莫辦。科學家用科學語言作交通工具時，聽者或看者或讀者恆作極準確而又一致的了解。科學家所作預斷，所可能達到的準確程度遠非吾人僅憑常識所作預斷所能企及的。科學語言是有高度效力的，

17　一九五九年初版本作：「或特別對付的事實。」——編註。

而且是精審的。這是科學與非科學底主要不同之處。

科學語言底建構，常從界說（definition）開始。界說之定立，是有許多技術的。我們如果不明瞭一個字底意義或用法，有時可以查查字典。但是，碰到專門的用法，僅僅查字典是不夠的。我們需要另行構作字或名詞底界說。構作字或名詞底界說之技術甚多，[18]我們在這裡祇指出重要的。

㈠**外範的界說**。外範界說是列舉被界定的名詞所可包含的一類之分子。我們藉此可以知道該名詞之外範的意義。[19]我們最初要知道一個名詞底意義時常用此法。例如，顏色意即紅、黃、藍、紫……。

㈡**解析的界說**。解析的界說包含兩個部分：一個部分是被界定端（definiendum）；另一個部分是界定端（definiens）。解析的界說是陳敘一個名詞之某種已被接受了的意義。例如，宗教乃人對其認為至善至大的目標之全部的傾心。

㈢**規定的界說**。所謂規定的界說，並不必然陳示某一名詞之通常的用法，而是規定某一名詞怎樣去用。在科學敘述的要求之下，我們發現日常用語不適切，或欠便利。在這種情形之下，如果我們需要新的名詞來表達新的概念，那末就需要製作一個規定的概念。從邏輯的觀點看，我們有以任何方式鑄造新名詞之完全的自由。規定的界說並不對已有的用法負責。它底目標祇是為了方便。

㈣**性質的界說**。拿一種性質來界定一個名詞。這樣的界說就是性質的界說。性質的界說是常用的界說。例如，

「人是理性的動物」。

上面所列舉的界說，有必須滿足的共同要求，就是免於歧義（ambiguity）和混含（vagueness）。

18 一九五九年初版本作：「我們需要另行構作字底界說。構作字底界說之技術甚多，」——編註。

19 一九五九年初版本作：「我們藉此可以知道該名詞之內涵的意義。」——編註。

我們要明瞭歧義是什麼，必須分辨字底記號設計（signdesign）和字底記號出現（sign-occurrence）。一個字底記號計祇有一個；但是，它底記號出現可以不祇一次，在事實上是 $n \geqq 2$ 次。如果一個字底記號設計有一個而且它底記號出現也祇有一次，那末便無歧義言。這也就是說，如果一個字底記號設計祇出現一次，那末此字永無歧義可以發生。然而，在實際上，一個字底記號設計之出現常不祇一次而爲 $n \geqq 2$ 次，而其出現所在的場合又不足以決定其單一的意義，於是歧義發生。在一個詞語或陳敘詞中，如果有的名詞之單一的意義不能決定，那末整個語句或陳敘詞之單一的意義便也不能決定。碰到這樣的情形，我們需要對於該名詞立界說以消除其歧義。我們試考察下列二行字：

1. 太
2. 太太太太太

上列第一行有幾個太字呢？上列第二行有幾個太字呢？沒有問題，我們可以立刻答稱上列第一行太字。但是，上列第二行究竟是一個還是五個呢？我們可以答稱有五個，也可以答稱祇有一個。這兩種答法可以同時眞，但是在不同的標準或條件之下。如果我們從太字底記號設計來觀察，那末這五個太字同屬於一個記號設計，所以我們可以說第二行祇有一個太字。但是，如果我們從太字底記號出現底次數算一算，的的確確有五個，所以我們也可以說太字有五個。如果具有同一記號設計的字出現在不同的場合，但又不能始終保持同一的意義，因此就產生了歧義。但是，由於從幼小我們就養成一字一義的學字習慣，見一字即得一義，而日後一字發生多義的情形，我們還是本初學字的「一字一義」的習慣來反應，所以有了歧義還不易發現。例如：

甲說：他簡直不是人，

乙反駁道：他怎麼不是人呢？大家都是人嘛！

這裡的問題，顯然在「人」字發生歧義，甲所說的「人」，是具道德的或倫理的意義。乙所說的「人」是具生物學的意義。具有生物學的意義之人，不必一定也具有道德或倫理的意義。但是，兩個意義的人共用同一記號設計的「人」字，以致糾紛發生。其實，如果在討論之先，彼此把所用「人」字下一界說，則可以各行其是，各說各的，於是這種無謂的論爭可以消弭於無形。

混含與歧義不同。混含是一個字底意義核心或中心用法很明顯，但是它底應用級距（range of application）卻不定。這也就是說，這類名詞究竟可以應用到什麼地步，很不易劃限。例如，「朋友」一詞就有這樣的情形。這個名詞用得頗泛。相交十年而且尚未感情破裂的人，沒有問題可以說是互為朋友。「點頭之交」是否可以算是朋友，就很難說。至於「我的朋友胡適之」中的「朋友」問題便更大了。

既有歧義而又混含的字更易引起麻煩。像「仁」、「義」、「道」、「德」、「光榮」、「恥辱」、「美」、「醜」、「善」、「惡」，……這些字，眞是千人千義，百人百義。我們在用這些字以前，必須嚴格地加以語意學的處理。

定立一個合用的界說，實在不是一件簡單的事。定立一個合用的界說，有藝術的條件，也有科學的條件。藝術的條件，雖然祇是科學以外的而並不與科學相反，但是我們在此無法討論。我們在此所能討論的，是定立界說之科學條件。我們在此所能討論的定立界說之科學條件，是形式的條件及語意的條件。一個界說如求合用，有它必須滿足的這些條件。這些條件，說來也是很複雜的。我們現在所要說的，祇限於最不可少的幾條。嚴格地說，我們現在所要說的，祇限於用自然語言而非用符號語言表出的界說所需遵守的幾個最不可少的條件。

㈠**一個界說必須表出被界定端之約定的意含**（conventional connotation）。一個字或名詞所表示的大家共同約定的意指或指謂，叫做約定的意含。一個字或名詞必須有約定的意含，才能作大家交通的工具，或為彼此所「了解」。但是，衣服穿久了會走樣。同樣，字或名詞被許許多多人用久了它底意含也會走樣。因為，語言不是死的東西。語言是活的工具。活的工具，一與人底實際生活、情感、意志、觀念和習慣攪混在一起，受這些因素之作用，常常離開了原定的意含，而「產生」新的意含。同是一字，古義之所以往往為今人誤解或不懂，其原因之一在此。這種情形，我們叫做「移義」。移義的情形一經發生，交通就會困難。要免除這種情形，必須將閃爍於各人之間的意含予以穩定。這就有賴乎界說。

㈡**界說不可循環**。這也就是說，被界定端在一界說結構中不可出現於界定端。這一條的道理是顯然易見的。我們之所以要對於一個字或名詞定立界說，就是因為我們對於這個字或名詞底用法或意義不能確定或明瞭，而需拿其用法已為我們所能確定或其意義已為我們所明瞭的字或名詞來表白它，說前者即是後者。如果被界定端原封未動地出現於界定端，那末界定之目的豈非未達？我們要達到界說底目的，至少必須在字形方面避免被界定端出現於界定端。像「人者人也」，「是好的東西畢竟是好的」，「能幹的人究竟能幹」，這樣的一些話，如果看作界說，實在毫無用處。

㈢**一個界說，如果能用正號的字句表出，那末切不可用負號的字句表出**。這一條並不是說，在原則上，一個界說在任何情形之下不可用負號的字句表出。假定一個名詞是處於一種與另一名詞對待的關係之中，而這另一名詞與它不僅共同窮舉，而且互不相容，那末我們拿負號的字句來界定它，是沒有什麼毛病的，而且是無害的。不過，這種情形，是一種純邏輯的可能。在經驗世界絕對沒有共同窮舉而又互不相容的選項（alternatives）。所以，在實際上，我們不能對之用負號的字眼作界說。假若我們說「物質者非精神也」，

「男人者非女人之人也」，「陰者非陽也」，「全體者非個人也」，這些界說對我們是毫無幫助的。我們不能藉著類此的界說來決定被界定端底用法，或明瞭它底意義。這類底界說，祇能看作是舊式文人耍字眼。耍字眼是遊戲底一種。這種遊戲有助於消遣，但無助於弄清語言和意義。我們所需要的是用正號字句所表出的積極的界說（positive definition）。

㈣**界定端與被界定端必須是等範圍的**（co-extensive）。這也就是說，被界定端底指謂既不可大於被界定端又不可小於被界定端。如果界定端底指謂大於被界定端或小於被界定端，那末這個界說便不合用。假若我們說「三角形是一幾何圖形」。這一界說底界定端之指謂大於被界定端底指謂，使我們無法區別三角形與其他幾何圖形，例如四邊形、多邊形等等。但是，如果我們說「三角形是三邊相等的幾何圖形」，這個界說失之於界定端底指謂小於被界定端底指謂，而把不等邊三角排斥於此界說之外。

如果從知識的觀點來看，這一條規定有一困難。這一條要求我們在構作一個界說時，我們所用的界定端底指謂範圍必須與被界定端相等。如果我們知道了被界定端底指謂範圍，那末我們無須乎因此理由而立界說。如果我們不知道被界定端底指謂範圍，那末我們根本不能構造界說。我們對於被界定端底指謂範圍祇有知道或不知道，所以結果我們不必建立界說或不能建立界說。這是這一條所碰到的二難式（dilemma）。

㈤**界說不可用綺詞纚語**。這一條之必須遵守，簡直是顯然易見的。我們定立界說底目標，除了許多別的目標以外，係為了消除混含和歧義。綺詞纚語最富於混含和歧義。因此，如果用綺詞纚語來界定，那末，火上加油，把有待界定的名詞弄得更不清楚。為了避免這種情形，我們必須應用意謂清楚的字眼。

從這一條，我們可以看出文藝作家與科學家應用語言底方向根本不同。文藝作家應用語言愈能激動情緒，引起意象，產生圖畫便愈好。文藝的語言是多軌式的語言。科學的語言要求，與此剛好相反。科學的語言，必須是單軌式的。單軌式的語言是意義單一，達意祇有一條路可通。它底結構也要能保證這一點。假若某一科學語言激動了情緒，或多種意義，那末這一語言就科學的觀點看，就算是失敗了。這樣的語言必須修正，甚至必須放棄，重新構造，

這一要求，對於用漢文的人特別重要。文藝的語言之用法，乃語言之情緒的用法（emotive use of language）。科學的語言之用法，乃語言之認知的用法（cognitive use of language）。一直到現在爲止，用漢文的人是把前者蓋過了後者。漢文可以說是以情緒爲中心的語言（emotive-centric language）。以情緒爲中心的語言，看之者一看，反應是情緒的；聽之者一聽，反應也是情緒的。復次，在情緒之中，有時包藏著價值判斷。於是，情緒和著價值，也有時成了字底核心。以情緒和著價值爲核心的語言作心理活動之依據及工具者，認知活動是被抑壓而不顯露的。於是，科學的心性便難得養成了。所以，改變語言用法的習慣，是改造心性的必要條件。

第四章　科學與假設

是否懂得提出假設，乃文明與野蠻之分。野蠻人祇懂得武斷，不懂得怎樣提出假設。文明人不僅懂得如何作肯定，尤其善於提出假設。人底文明程度愈高，知識程度也愈高。知識程度愈高的人，愈懂得假設對於知識之重要，而且製作假設的技巧也愈精。知識缺乏的人作判斷時主要地受自然狀態的心理情況之支配。他們心裡怎樣想的，就以爲事實是怎樣的。知識程度高的人多少可以分辨出「想的世界」與「事實世界」。他們知道他們自己所想的與事實底眞相不一定相符。他們願意懷疑自己所想的；而且善於懷疑自己所想的。懷疑自己所想的，就是不安於自己底想法之表現。不安於自己底想法，於是想方法另求自己滿意的解答。其中的關鍵，就是假設。

假設（hypothesis）是經驗科學建構底起點之一。我們對於可觀察的世界發問。發問以後，接著就試著提出解答。這一嘗試的解答，就是假設。談到「假設」一名，我們不要以爲假設是假的。假設是hypothesis的翻譯。這個字之所以譯成「假設」，主要是習慣使然。大家既然這樣翻譯，而且通用了，我們祇好從俗。比較恰當的翻譯應當是「姑設」或「姑說」。「姑設」者，意即「姑且這樣設定，確否尚符證實」。「姑說」者，意即「姑且這樣說明，確否尚待證實」。「假設」一詞底眞正意謂是如此，可知「假設」並不是「假的」（false），也說不上是「眞的」（true）。假設在未付諸檢證以前沒有眞假可言。假設含有擬定的（hypothetical）成分。

雖然，假設是擬定的說法，但是並非可以隨意提出。同樣是假設，可有高下之分。對於同一題材，有高度訓練和豐富經驗以及充分才智的人提出的假設，比無高度訓練和豐富經驗以及充分才智的人所提出的有用些。同為假設，簡單的比複雜的方便。因此，在科學史上，簡單的假設淘汰了複雜的假設——如果都能說明可觀察的事項的話。同為假設，包含力多，即所能說明的事項多者，較包含力少者為優選。這樣看來，要提出一個合用或有結果的假設，並非一件輕而易舉的事。從科學史我們可以明瞭，為了說明一組可觀察的事項，常常更換好幾個假設。當然，更換假設，在科學上是一件大事。每更換一次假設，即代表著人類在知識上的一次新的追求和新的掙扎。

怎樣的假設才是合用的或有結果的假設呢？直到現在為止，沒有任何人能夠列出邏輯的理由來保證某一假設是合用的或有結果的。有而且祇有某一假設既經提出以後，事後證明它是合用的，或有結果的，我們才能說它是合用的或有結果的。我們幾乎可以說，一個假設如果合用或有結果，係一事後的追認。事先無人有確切把握。即令是愛因斯坦亦不例外。因為，定立假設祇是一種心靈的探險。假設是從非知識世界到知識世界的一個橋梁。這個橋梁非常重要，可惜不如一般人想像之穩定。此事對於人類而言幾乎是定命的（fatal），無可奈何的。但是，從另一方面看，唯其如此，科學才有修正之餘地，也才有進步之可能。科學並不在柏拉圖的天國（Platonic heaven）裡。雖然如此，由於長期的摸索，科學家們探出那定立合用的或有結果的假設之嘗試的標準。我們不依這些標準來定立假設，那末成功的機會雖不能說沒有，但是，就過去的經驗看來卻很少。如果我們依照這些標準來定立假設，雖然沒有邏輯的理由保證我們「必然」成功，但是，就過去的經驗看，我們成功的機會卻較多。為了爭取較多的成功機會，我們在定立假設時是應須顧到這些標準的。我們現在把這些標準列舉出來。

㈠**一個假設必須可以證實或否證**。我們提出一個假設，要麼能夠被證實，要麼能夠被否證。如果我們所提假設能夠被證據證實它是眞的，那末它就成爲一個眞命辭。這當然很好。因爲，這表示我們在知識上的努力多了一分收穫。但是，如果我們所提假設能夠被證據所推翻，那末這一假設還不失爲一個有資格的假設。因爲，我們至少已經排斥了一個不合用的假設，以後不再採用它了。從知識底發展來說，我們摒棄了一個不合用的假設，就可以促使我們再去找新的假設。所以，被否證了的假設固然不能在科學上發生積極的作用，但卻可以發生消極的作用，至少可以使後來的人不再走那一條路。

也許有人覺得奇怪。我們說被證實的假設有價值，被否證的假設也有價值，難道有既不能被證實又不能被否證的假設？有的，在日常語言中很多，在形上學中也多。在日常生活中，有人解釋行善或作惡可有報應，說：「善有善報，惡有惡報，不是不報，時候未到。」這就是說，做好事的人會得到好的報應；做壞事的人會得到壞的報應。但是，如果做好事的人並未得到好的報應，做壞事的人並沒有得到壞的報應，這怎麼解釋呢？解釋的人說，並不是沒有報應，祇不過是因爲爲時尙早。假若老是沒有報應呢？解釋的人說，還是因爲時間未到，這個時間是沒有劃定的，所以如果惡人尙未得到惡報，那末你得老是等下去。如果這類底話之作用祇在鼓勵人爲善，倒也不無少許價值。如果這類底話是說明善行或惡行與報應之間的關係之假設，那末便一無價值。因爲，這樣的假設，既不能藉證據來證實，又不能藉證據來否證。有一種形上學家說「歷史底發展是理性的展現」。在歷史上，如果有權勢的人物自覺地做了幾件合理的事，他們說這是「歷史之理性的表現」。但是不幸得很，在歷史上不是所有的人都憑理性辦事。張獻忠、吳三桂、斯達林等人就是如此。求食、色欲、權力之追求、主義的狂熱，這些非理性的盲力（blind forces）之衝動，佔去歷史更多的篇幅。假若有人請教這類形上學家，像這類事項怎樣安排在他底「理性主義的歷史觀」裡。他說，這些東西是從理性之反面來表現理性。理性從其反面來表現它自己，正所以顯露「理性之機智」。像這樣的話，如果作爲說明歷史發展的假設看，就是從正面可以說，從反面也可以說的說法。這樣的說法實在是什麼也沒有說。

這樣的說法，如果又不是一套套絡基（tautology），那末簡直是既不能被證實又不能被否證的。既不能被證實又不能被否證的說話，是毫無意義的。假設亦然。這樣的假設，至少爲科學家所不取。

㈡**假設必須與大家已經接受的知識一致**。這一條是說，我們因想說明某一或某些事項提出假設時，對於大家已經接受而又與此假設相干的知識不可茫然無知，而越過這些知識，妄自造作。如果已有的知識老早可以解決我們所提出的問題，我們祇因不知或不懂而自己「來一套」，這祇能表示我們幼稚，或孤陋寡聞。我們在提出一個假設時，必須顧到與之相干而又爲大家所已承認的知識。

不過，我們必須明瞭。這一條祇能看作是一條勸導，而不能看作是一條「不可踰越的」鐵的規律。這一條祇是告訴我們：在定立假設時，我們所提假設「最好是」與已有的相干知識一致，或不抵觸。但是，這話並不涵蘊，在原則上，於任何情形之下，我們所提假設必須合於已有相干的知識，而不可稍有違反。至少，在邏輯上，我們不受這一條之限制。這一條底眞正意義在告訴我們，我們以已有相干的知識作根據來提出假設時，成功的機會遠多於失敗的機會。但是，這話並不等於說，我們不以已有相干的知識作根據來提出假設，則成功的機會一定等於零。

一個眞正富於經驗和慧眼（insight）的科學工作者不輕易提出與時下知識相左的假設；但是，如果他要提出這樣的假設的話，他一定能夠權量在什麼情形之下才有提出之必要。在什麼情形之下才有提出這樣的假設之必要呢？有而且祇有在已有的知識不復足以用來說明所要說明的事項時才有必要。但是，我們必須記著：果眞如此，那就表示他已把科學向前推進了一步。我們更要記著：這樣的事雖然並非沒有，但在科學史上並不是年年發生的。復次，這樣做的人，他在知識上的負擔一定遠較承認現有的知識時爲多。

㈢**假設必須盡可能地簡單**。簡單的假設是我們歡迎的假設。奧康之刀（Occam's razor）說：「如無必要，不可將東西堆砌起來。」依此，在科學中，假定一切其他條件不變的話，在許多假設之中，我們總是選擇那最簡單的一個。因爲，最簡單的假設可以節省我們心理的勞力，而且因此又易於操縱。假定有A、B兩個假設，而且二者底說明力相等，同時都可證實，都不與已有知識衝突，但A較簡單，B較繁雜，那末我們選擇A而放棄B。這是假設領域中的「人擇律」（law of artificial selection）。

㈣**假設必須可行推論**。在科學的理論中，假設總是以「如果——則——」的形式出現。這種形式一經擺出，就應有推論的可能。一個假設不應祇限於說明已經觀察的一組基料（data），而且應能說明尚未觀察的基料。這就涵有推廣作用（generalization）。在這種情形之下，假設能夠推演出一串相干的結論。

㈤**假設必須一致**。假設內部的理論構造必須沒有包含矛盾。這是假設構成之一個最低限度的標準，這個標準，也許有人看起來簡單，其實並非如此。一個假設內部是否涵蘊著矛盾，常常不是一眼可以看出的，而必須行推演推出結論才看得出。這得藉助於反正論法（reductio ad absurdum）。

第五章　比擬

比擬（analogy）可以說是最自然的推論方式之一。大部分人藉比擬而行推論，幾乎是不學而能的。當然，比擬除了樸素的（näive）層面以外，還有必須精練的（refined）層面。因此，我們如果要把比擬行之安全，用之精巧，不可僅憑天生的樸素的頭腦來用，而必須受相當的訓練。

什麼是比擬呢？設有甲乙兩項事物。如果甲有a、b、c諸點，於是有d點；乙也有a、b、c諸點，於是我們推論乙也有d點。這樣的推論方式，就是比擬。不過，我們必須時時警覺，由比擬而得到的結論，如果是眞的，祇是蓋然地爲眞（being probably true）。蓋然地爲眞的語句有蓋然地爲眞的程度差別。這也就是說，有的結論之蓋然地爲眞的程度低，有的高。但是，無論高到什麼程度，即令從未失敗過，也不是必然的。

爲了使大家了解比擬的用法，我們可以任便舉些例子。有一派政治學者把國邦看成一個大有機體。這種說法是由將國邦比擬作人底機體之類底有機體而來。人底機體之各部分不可分離。所以他們由此推論國邦底各部分也不可分。天文學家觀察太陽系中其他的行星與地球有許多類似之點。地球繞日而行。太陽系其他行星也繞日而行。地球從太陽得到光亮。其他行星也從太陽得到光亮。地球自轉。太陽系若干其他行星也自轉。地球有晝夜可分。太陽系若干其他行星也有晝夜可分。地球受萬有引力所攝引。太陽系其他行星亦然。太陽系其他行星既然與地球有這麼多的類似之點。地球上有生物存在，於是我們推論太陽系其他行星也有生物存在。

顯然得很，這一推論底結論並非不可予以考慮。不過，同樣顯然得很，這一推論底結論之基礎是脆弱的。

對於生物之存在而言，溫度之適合，乃一必要條件。如果其他條件滿足了，但溫度不適合，那末別的行星上還是不見得會有生物存在。因此，祇要溫度適合這一條件不備，可以使整個比擬失效，因而結論也歸為假。

比擬是觀察形態、認識結構、想像和推論數項之複合。單獨的符號推演，不能成比擬。比擬，是人了解自然之原始的方式之一。同時，在比擬之中，也蘊藏著豐富的心靈活動。豐富的心靈活動常富於創造能量；但是，也常常是危險的。人類歷史上偉大的成就常靠豐富的想像為背景和動力；可是，人類歷史上偉大的錯誤也常起於豐富的想像。想像，祇是創造之源；但卻不是效準之保證。如果想像是效準之保證，那末邏輯與數學可以棄諸大海。在科學研究中，在事理的了解上，我們不可不藉助於比擬。但是，同時，我們為了效準之保證，又不能不控制比擬，尤其不能不檢查比擬的結論。

要達到這一目標，我們最好從分判比擬之文學的用法與比擬之科學的用法開始。比擬之文學的用法，主要地是訴諸想像之類似，訴諸圖式之類似，訴諸情緒傾向之類似。比擬之文學的用法，可以很逗趣，可以增加情緒生活之內容，對於未經邏輯訓練的人而言也很富於說服力。之所以如此，因為，如果我們要藉嚴格邏輯的程序來得到某項結論，常需耗費許多心力。如果我們藉想像或圖式或情緒來跳到某項結論，可以不費吹灰之力，並且又得到一種快感。此所以古往今來藉邏輯而辯論不敵藉情緒而辯論者也。比擬之科學的用法，主要地是訴諸結構（structure），訴諸isomorphism。

比擬之文學的用法所得結論之可靠性常常極少。從前中國書生為了要證明文武不可不並重，作出這樣的一大段文章「夫車有兩輪，鳥有兩翼，是故文武不可偏廢也」。這是拿毫不相干的形態相似來作比擬。前二者之有無，對於後者之應然與否，簡直毫無相似可言。儘管車有兩個輪子，鳥有兩翼，文武還是可以偏廢或不偏廢。儘管車無兩個輪子，鳥無兩翼，文武還是可以偏廢或不偏廢。何況現在有三輪車呢？但是，由於都是「兩」，居然有人被此論說服。人底許多信念和行動，竟是建立於這樣脆弱的基礎上面！

從前的帝制主張者為了維護帝制造出一種說法：「天無二日，民無二皇。」這種說法，既經流行民間，居然發生相當的支配力。考其支配力之根源，在「無二」這一點類似。這一點類似之處幫助我們這樣想：天上沒有兩個太陽，這是天經地義的事。地上之沒有兩個皇帝，亦猶天上沒有兩個太陽。天上沒有兩個太陽既是天經地義之事，所以地上沒有兩個皇帝也是天經地義之事。這也似乎言之成理，持之有故，因而收穩定人心之效。其實，即令天上祇有一個太陽，與地上祇許有一個皇帝有什麼相干呢？何況天上的太陽本來就不止一個？假若天上有許許多多太陽，地上的一國是否因此也容許有許許多多皇帝呢？人間許多歷久深信不疑的東西，原來是一指就穿的！

前述政治學說中的國邦有機論也是出於一個錯誤的比擬。人底機體底各部分對於整個人體而言，的確是不可分的。如果分開了，那末便失其作用，而且人也不成其為人。一個國邦底各部分是否也如此呢？這就得看經驗事實了。

「人死留名，虎死留皮」，這話是拿榮譽感來鼓勵大丈夫的。這一鼓勵在語言方面之所以發生作用，似乎是「留名」與「留皮」之間有類似點。其實，稍一推敲，即知其不然。不獨不然，而且剛剛相反。虎死留皮是一悲慘的結局，好像不值得鼓勵。猛虎生息於深山，優遊自在。獵人無端射殺，食其肉而寢其皮。這種結局，是否出於虎之自願呢？是否又應該鼓勵人去步虎之後塵呢？

這類比擬，很少經得起批評的。比擬之科學的用法所得結論較此可靠得多。比擬之科學的用法充斥於科學資料之中。前述天文學家所作比擬即是一例。當然，我們不能說，比擬之科學的用法中一點想像的成分也沒有。比擬根本就是介乎想像與推論之間的一種心靈活動。沒有想像，就沒有比擬。所以，比擬之科學的用法也不能免於想像的成分。比擬之科學的用法既不能免於想像的成分，於是，嚴格地說，我們無法在比擬之文學的用法與比擬之科學的用法兩者之間劃一條清楚的界線。事實上的確如此。但是，我們得要求盡可能地把二者劃分開。因為，這樣才能滿足各自底要求；而且我們研究科學時可以減少一些荒謬的結果。

我們運用比擬時，要想減少一些荒謬的結果，僅僅在理論上將比擬分作文學的用法和科學的用法還是不夠的。我們還得進一步去尋求運用比擬的標準。我們所要尋求的比擬之運用標準，是科學家在實際科學工作中行之有效的一些「工作守則」。我們依照這些「工作守則」來運用比擬，雖不能保證每一次都不錯，但是可望把錯誤的機遇減少。

(一)**類似之點多的事例，發生其他類似點之機率，較之類似點少的事例可發生的其他類似點之機率為多**。假定有甲乙兩組事例。如果甲有 a、b、c、d 諸件，而且有性質 Q。乙有 a、b、c、d 諸件，所以我們推論乙也大概有性質 Q。類似點愈多則結論底可靠性愈大。

(二)**扣緊**（cogency）**之扣緊**。有而且祇有我們對於一組事例底內部結構毫無所知時，例子底數量才是重要的條件。如果我們憑經驗確知某一因素具有決定性的作用，而且其他因素確乎都不相干，那末這一因素底力量大於其餘一切因素。於是，我們取它作結論之根據，而把其餘的因素放在不予考慮之列，例如，我們要考慮某甲做小偷之機率有多大。如果他與小偷某乙一樣手腳靈活，一樣窮困，一樣富於冒險精神，但是某乙因教育不良而缺乏榮譽感，而他則因過去曾受良好教育而有榮譽感。這個因素乃決定他是否做小偷之一扣緊的因素。我們有較大的把握說，也許就由於這一因素，使得他免於做小偷。

也許會有人問：「什麼是扣緊？」問這個問題底目標，如果是要形造「扣緊」概念之普遍意義，那末似乎世界上沒有人答得出來。雖然沒有人答得出來，我們常須應用這類概念。這類答不出來但又得應用的概念在科學上頗為不少。這類名詞，我們把它們叫做「與扣緊同位的名詞」。例如「相干」、「必要」、「適切」等等。這類名詞底意義雖不能普遍形製，但並不涵藏任何神祕意含，更非不能實際應用。雖然，我們不能普遍地（generally）型定「扣緊」一詞底概念，但是我們卻可以特定地（specifically）應用這一名詞。在一組特定的條件之下，富於經驗的科學家會用此詞。或者，在有人列舉一個因素來作說明時，科學家當時或事後可以決定這個因素是否「扣緊」。

「扣緊」這類名詞底意義之普遍的形製和應用之所以這樣困難，因爲它們並非個別的概念，而是建構的概念。這類建構的概念並不必名個別之物和個別之事。它們所表示的是理論構造的條件。這也就是說，有而且祇有在構造理論時，我們才用得著這類概念。我們與其說這類概念指謂（designates）什麼，不如說它們所表示的是一種要求（claim）。

科學可從兩方面看。一方面是一建構（science as an institution）；另一方面是一創造的活動（science as a creative activity）。從前者看，科學可能是很純淨的。但是，從後者看，則頗不然。這正猶之乎一幕戲在前臺與後臺不同一樣。

第六章　三種型定方式

自然與人生底形形色色呈現在我們面前。我們為了想明白其所以然，常常要找出這個事件與那個事件之間有何關聯。我們要能控制自然，改善人的生活，必須求出自然與人生底秩序。這種工作，就是科學家底基本工作。科學家為了尋求自然和人生底秩序，就得做觀察和實驗。科學家在做觀察和實驗的同時，必須設立若干條款來安排由觀察和實驗得來的基本資料。這類條款，眞是充塞於科學書中。不過，在這些條款之中，有被其他若干條款所共同假定的條款。這項條款，特別為方法論家感到興趣。[20]這類條款，我們把它叫做經驗科學建構底基本條款。有了這些基本條款，經驗科學不必即能構成；但是，如果沒有的話，經驗科學必不能構成。我們在以下所要討論的就是這類基本條款。

㈠**必要條件**（necessary condition）。「有之不必然，無之必不然」，這樣的條件就是必要條件。這就是說，如果有X，不必即有Y；但是，如果沒有X，那末一定沒有Y，在這種情形之下，X是Y底必要條件。拿現在的社會情形來說，如果經濟欠佳，那末許多事辦不了。可是，如果經濟充裕，但別的條件未具備時，同時可能辦不了事。所以，經濟充裕，祇是辦事底一必要條件。當然，在一個經濟不充裕的社會裡，人們很容易以為經濟第一，以為有了經濟便有了一切。這種想法祇能代表經濟困乏時的一種情緒的反應。等到他的經濟

20　一九五九年初版本作：「特別為方法論家所發生興趣。」——編註。

眞正充裕時，他可能就不作此想了。

對於未習於截然劃分的（clear-cut）思考習慣的人而言，上面所說的例子因有太多的利害糾結和情感聯繫以致顯得不夠乾淨。我們再列舉另外的例子，就可看出必要條件與其他條件的分別。如果甲是乙底丈夫，那末甲一定爲男性。在這一關聯中，「爲男性」乃「做丈夫」底必要條件。這也就是說，如果甲不是男性，那末甲就不是乙底丈夫。但是我們不可就此推論「如果甲是男性，那末甲就是乙底丈夫」。因爲，甲是男性時，可能是乙底丈夫，也可能不是，而是乙底父親或弟兄或兒子或朋友或親屬。同樣，如果甲是守清規的和尚，那末甲便不吃肉。從此，我們不可推論「如果甲不吃肉，那末甲便是守清規的和尚」。因爲，不吃肉的原因可能很多，不一定是因守清規。儘可以有人不吃肉，但並非守清規的和尚。所以，我們不可貿貿然由甲不吃肉就推論甲乃守清規的和尚。在這一關聯中，我們所可作的推論，充其量祇是說「如果甲不是不吃肉的，那末便非守清規的和尚」。

(二)**充足條件**（sufficient condition）。「有之必然，無之不必不然」，這種條件就叫作充足條件。如果有X，那末有Y；但是，如果無X，那末不必無Y。這也就是說，如果有X，那末有Y；如果無X，那末或者有Y或者無Y。這是充足條件推論底可能情形。如果天下雪，那末地上成白銀世界。如果天不下雪，是否地下不成白銀世界呢？不見得。現在電影的佈景技術很不難當不下雪時使地下成白銀世界。這就是「如果天不下雪，地下還是可能成爲白銀世界」。所以，我們由「如果天下雪，那末地上成爲白銀世界」不可推論「如果天不下雪，那末地上不成白銀世界」。同樣，從「如果某一朵花是黃的，那末它是有顏色的」，推論不出「如果某一朵花是有顏色的，那末它是黃的」。也許它是紫的，也許它是紅的，也許……。許多不同的充足條件可以作同一必要條件底前件。所以，我們從作爲前件的某一充足條件可以推論出某一必要條件。但是，我們卻無法從某一必要條件推論出某一充足條件。「如果某人是一回教徒，那末他不吃豬肉。」我們不能由此推論「如果某人不吃豬肉，所以他是回教徒」。因爲，他可能因個人好惡的理由而不吃豬肉。其他的事例，我們可以試著由此類推。

㈢**充足而又必要的條件**（sufficient and necessary condition）。「有之必然，無之必不然」，這種條件就是充足而又必要的條件。詳細一點說，如果有X則有Y；如果無X則無Y，那末X爲Y的充足而又必要的條件。如果H_2O化合則成水；如果H_2O不化合則不成水，那末H_2O化合爲成水之充足而又必要的條件。如果某一圖形爲等角三角形，則它是等邊三角形；如果某一圖形不是等角三角形，則它不是等邊三角形。在這種情形之下，等角三角形是等邊三角形之充足而又必要的條件。

我們應用充足而又必要的條件時有一點必須注意。就是，在數理世界或無機世界，要找充足而又必要的條件比較容易。在人理世界或社會界，要找某事之充足而又必要的條件就困難得多。之所以如此，原因之一，是物理世界或無機世界比較單純，它底相干範圍比較易於確定和劃限。而人理世界或社會界則比較複雜。它底相干範圍比較難於確定和劃限。迄今爲止，在人理世界之中，我們不易判然地（exclusively）斷定那些因子（factors）是相干的，那些因子是不相干的。在更多的情況之下，我們祇能在事後才能決定何者相干何者不相干。當然，如果以黑格爾底哲學爲背景，那末在這個宇宙之內，沒有什麼是不相干的。在他自己，這種說法似乎也言之成理。不過，這麼一來，科學知識完全可以廢棄，一切語句或命辭及其序列完全變成套套絡基。自然，這樣的套套絡基所引起的氣氛，不只於是套套絡基而已。

除此之外，在物理世界或無機世界，對於條件的權量不易——當然並非完全沒有——攙進情緒成分。在人理世界或社會界，對於條件的權量很易攙進情緒成分。不僅如此，有一路底人甚至故意攙進情緒成分，並且進一步地爲這種故意的行爲找些基礎。有了這些基礎，他們攙進情緒的動作似乎更有勁，更理直氣壯。例如，前面所說的經濟因素，對於人的美好生活而言，祇是一個必要條件。這也就是說，如果經濟貧困，那末人的確不能獲得美好的生活。但是，有了豐富的經濟而別的條件未滿足時，人還是不能得到美好的生活。然而，近幾十年來，有一批人卻拼命宣傳經濟因素是美好生活之充足而又必要的條件。由於這一錯誤的想法之造成，人間的悲劇便難以避免。

第七章　穆勒方法

穆勒（John Stuart Mill, 1806-1873）是十九世紀英國經驗論巨擘。他對於邏輯的重要貢獻就是有名的穆勒方法（Mill's Methods）。穆勒方法底用處是幫助我們發現事件與事件之間的因果關係。

㈠**同一法**（the method of agreement）。如果我們所研究的現象中有兩個或兩個以上的事例祇有一個情況相同，那末此所有事例共同的情況乃此現象之因或果。

這一律則可用一架構表示出來：如果一組情況a、b、c、d發生則有現象P發生，如果另一組情況a、x、y、z發生則有P發生，那末此二組情況所共同具有的a與P有因果關聯。就常識說，如果a在先而P在後，那末a爲P之因；如果a在後而P在先，那末a爲P之果。茲舉例來說明。

我們知道，瘧疾發生的許多地區有共同的情況，即是低窪，多霧。而地勢較高並且乾燥之區無霧。這種無霧之區便不患此疾。所以，我們可以下個結論說，多霧且濕的氣候乃瘧疾之因。可是，有人對相干的事實再加觀察，作一項結論說，瘧疾並非因多霧且濕之氣候所致，而無疑係由沼澤所致。但是，更加研究，我們發現瘧疾係由瘧蚊咬傷所致。然而，又進一步研究，我們發現瘧疾係由沼澤地帶瘧蚊咬人後將瘧蟲輸進人體寄生於紅血球內所致。

當然，這一現象底原因之發現雖係由同一法，但並不僅靠此法。除此以外，還靠別的方法。這別的方法，我們將在後面討論。

㈡**別異法**（the method of difference）。如果我們所研究的現象在某一事例中出現。在另一事例中某一現象不出現。在這兩個事例中。除了一個因素不同以外，其餘一切因素皆相同。而此不同的因素祇出現於第一個事例中。這兩事例中唯一不同的因素，乃該現象底原因或結果或原因之不可少的部分。

如果有一組因素a、b、c、d、e之後有果R；而另一組因素a、c、d、e之後沒有R，那末因素b乃R之原因或R之原因的不可少的部分。

巴斯特（Pasteur）有一項實驗證明，某種微生物存在於有機物的話，氧氣便爲之固定。這一實驗所依據的原理就是差異法。我們如果要確定空氣是否傳音的媒介，可以把一全鬧鐘放在充滿空氣的玻璃罩內發聲，抽去空氣後則不發聲。前一組事例中包含著鬧鐘、玻璃罩、空氣。後一組事例中包含著鬧鐘、玻璃罩，但無空氣。前後兩組事例之間唯一不同之點爲空氣，前者有空氣，於是鬧鐘發聲。後者無空氣，於是鬧鐘不發聲。可見空氣乃鬧鐘發聲底原因，或至少有因果關係。

㈢**同異聯用法**（joint method of agreement and difference）。如果某現象所在的兩個或兩個以上的事例祇有一個因素相同，而無此現象之事例除無此因素以外沒有共同之處，則此兩組事例相異之因素乃該現象之結果，或原因，或原因之不可少的部分。

所謂同異聯用法就是同一法和別異法之聯合的運用。這兩種方法之聯合運用，可使結論之蓋然程度（degree of probability）增加。物理學中的濟門效應（Zeeman Effect）可以例示同異聯用法底運用。這種方法比較適於用來研究大量現象。我們可以把已經結婚的配偶分做快樂的和不快樂的兩種。如果快樂的配偶除了快樂之外，有一項因素相同。而所有不快樂的配偶缺乏這一因素。我們有很好的理由相信，這項因素乃婚姻快樂之所必須。例如，性情相投。

㈣**歸餘法**（the method of residues）。有一項因素，藉歸納法我們早已知道它是某些原因之結果。我們現在把這項因素從某一現象減去，那末此現象所餘部分乃其他原因之結果。

海王星之發現所依據的原理就是這種方法。

(五)**共變法**（the method of concomitant variation）。如果任何現象以任何方式變化，那末另一現象以其他方式變化。在這種情況之下，此一現象乃另一現象底原因或結果或與之有因果關係。

這種方法特別適於用來研究有程度差別的現象之變化。例如，潮汐之漲落與月亮底相對位置之關係，我們要確定時，必須應用此法。

科學方法貴聯合運用。我們運用的方法愈多，則所得結論之可靠性愈增。這是因爲不同的方法互相支持，而且結論所受校正的機會增加。單獨從一種方法來作結論，危險程度總是較大的。

科學與人生的關係之密切，到了現代幾乎可以說是盡人皆知的事。但是，一般人所知道的科學與人生的關係祇限於器用方面，而不及於思想方面。這種了解，既不完備，又易發生危險的結果。我們在這裡所要陳示的，是科學與人生的關係之一健康的了解。

人類自有科學以來，在醫藥、生產技術方面所作的改進，在交通方面所開闢的境界，差不多是每個文明人所親身感受到的，這類技術方面的展進，使人大有一日千里之歎。科學在這類技術上的成就，已經不用我們來描述了。我們現在所要討論的是，正因科學在技術上有這樣重大的成就，許多正統主義者把人間的罪惡和紛亂歸咎於科學。他們說，科學盲目發展，不受道德或宗教之領導，以致成了罪惡的工具。這種譴責，隨著世亂的增加，持之者似乎一天多似一天。我們現在要問，這種譴責是否正確呢？科學是否成爲罪惡之工具呢？

僅僅就科學技術而言科學技術，科學在道德上是中立的。這也就是說，科學技術是與道德無關的東西。科學技術既可以作道德工具，又可以作罪惡的工具。科學技術可以殺人，但也可以醫病。科學技術不偏袒罪惡，亦若其不偏袒道德。科學技術之與罪惡沒有特別的親和力（affinity），亦若其與道德沒有特別的親和力。科學技術與罪惡之距離，恰好等於它與道德的距離。既然如此，如果罪惡可以拿科學技術作工具，那末道德應有完全相等的力量拿科學技術作工具。既然如此，那就不應該有科學技術特別為罪惡所利用的現象。如果科學技術特別為罪惡所利用，那末我們不能拿科學技術來說明。如果有這樣的事實，那末不是由於道德已不適用，便是由於道德力量本來就不敵罪惡力量。

從這一番解析，我們知道科學技術之進步與罪惡之增加毫不相干。其所以有許多人把二者聯在一起，除了由於厭惡科學之情以外，係由於一項思想方式之錯誤。這項思想方式把前後相承的東西視作有因果關係。從常識的觀點看，因果關係確係前後相承；但是，有前後相承關係者卻不必即有因果關係。

如果我們作進一步的解析，對於罪惡之增加，科學不僅毫無責任可言，而且正係由於對科學採「斷章取義」的態度所致。責備科學的人對科學採取一狹義的看法。如前所述，當他們說「科學」一詞時，意指的實在是科學底一部分，即技術。而這一部分，實在並不是科學之最基本的成素。科學之最基本的成素是科學態度和科學方法。他們責備科學時，他們用「科學」一詞時，剛好把科學底這一成素劃出科學以外。這麼一來，科學成了無頭的蛇。他們就專打蛇身子。如果要追問科學對道德淪喪負責，我們得找科學最基本的這一部分負責才是。如果找科學底這一部分負責，那末我們得推敲，科學態度和科學方法有那一點與道德相違？

道德是動機（motivation）方面的事，科學是認知（cognition）底產品。二者所在的層界不同，因而無衝突之可言。不過，道德而無認知，就是虛空而又盲目的東西，科學是道德底眼睛。在作道德決意的一剎那，就有認知參加其間。認知深廣，道德也就充實些，並且實現得多些。在這個社會上，許多人常常想做好，但不知什麼才是好，怎樣才會好，以致常常越做越壞。而有科學知識並有好的動機的人則常可準確地做出一些好事。這一比照，可以證明道德不能離開科學。道德要想立則並且實現，厥惟科學是賴。道德有賴乎科學的地方，最關重要的還在科學態度和方法。這樣說來，我們所要採取的科學，不是斷章取義過了的科學，而是徹頭徹尾的科學了。

如果僅僅截取科學技術這一段，拋棄它底態度和方法這一段，再把科學技術這一段安在社會神話上面。這樣就會造成人間悲劇。蘇俄就是這一幕悲劇之展示。馬克斯主義是一種社會神話。蘇俄所用生產方式是科學底應用，統治手段也是心理學等科學底應用。這是科學應用的手加上社會神話的頭。這樣的一隻怪獸是要吃人的。要科學，得從本到末都要科學。不可科學其尾而玄學其首。科學最基本之處有而且祇有經驗與邏輯。有而且祇有根據經驗與邏輯我們才能知道這個世界底眞相。合於世界眞相的判斷才是正確的判斷。所以，我們要能判別是非，有而且祇有以經驗與邏輯爲根據。

「以經驗與邏輯爲根據來判別是非」這話說起來似乎簡單，做起來很不簡單。顯然得很，邏輯是要學的。經驗底形態更多。有基本經驗；有複合的經驗。要能區別這些，也需解析的訓練。凡此等等，都少不了念一些相干的書。

第八章　讀些什麼書？

談到讀書這個問題，內容眞是複雜。各個人讀書底目的，可能各不相同。有人讀書底目的是爲了消遣；有人讀書底目的是爲了找理想的天地；有人讀書底目的是爲了滿足好奇心；……。我們這裡所說的讀書底目的是爲了獲得知識和訓練。目的不同，所讀的書不一樣，讀法也不一樣。

爲獲得知識和訓練而讀書，當然是不可少之事。因爲，這類底書是知識和訓練之紀錄。我們讀了它們，就可得到別人若干努力之成果。這樣，我們就可用較少的勞力獲致較多的成績。所以，我們要獲得較個人能力所及爲大的知識和訓練，就非讀書不可。至少，需讀必要的書。什麼是必要的書呢？這非請各門的專家指導不可。從前中國的讀書人動輒說「一事不知，儒者之恥」，好遠務博。這在從前的社會已經辦不到，何況今日？時至今日，就事實上看，學問底種類涉獵過多的人，所知所論，沒有一樣能達到眞正專門的水準。現在弄學問，一門已嫌太寬。在經過初步訓練以後，我們就得更進一步，選擇其中的某一部分來鑽究。這是知識分殊化所引起的趨勢。不接受這一趨勢，沒有人能把一門學問弄得很精。書並非崇拜的對象，不過工具而已。該讀的書不可少讀一本。不必讀的書何必去理會？特別是目前，印刷這樣容易，書評制度在有些地方等於零，祇要能印出的都叫做「書」。如果一一去買來讀，豈不浪費時間和金錢？特別生於當今之世，很需要一個讀書指導的機構。這可以給大家許許多多幫助。

關於邏輯方面，淺顯的書有：

殷海光著：《邏輯新引》，亞洲出版社。

如果要鑽究深的，該書後面有介紹。

關於辨識經驗方面的，問題困難得多。我們要讀這方面的著作，必須向哲學部門裡去鑽，尤其必須多接近有關邏輯經驗論的著作。這方面的入門書，可推下列一種：

A. J. Ayer: *Language, Truth and Logic*, Victor Gollancz Ltd, London.

較深的有下列各書：

Feigl & Sellars: *Readings in Philosophical Analysis*, Appleton-Century-Ckofts, Inc.

Feigl & Brodbeck: *Readings in the Philosophy of Science*, Appleton-Century-Crofts, Inc., New York.

P. P. Wiener: *Readings in Philosophy of Science*, Charles Scribner's Sons, New York.

A. J. Ayer: *The Foundations of Empirical Knowledge*, Macmillan & Co., London.

實務篇

第九章　論科學與民主

一、引論

科學與民主，即使對於中國人而言，也不是一個新題目了。中國一部分醒覺分子之提倡科學與民主，至少將近四十年。將近四十年的時光，不能說太短。那時出世的孩子快到中年；那時的中年已經是老年了。提倡了這麼久的題目，爲什麼還要拿來討論呢？這有幾種重要的理由：

㈠這幾十年來，雖然有一部分人提倡科學與民主，而且有一部分人也隨聲附和；可是，最大多數的人在知識上對於科學與民主依然不甚了了。對於一個東西不甚了了而隨聲附和，其危險正不下於對一個東西不甚了了而盲目反對。

㈡研究科學與實行民主，本是使中國「內新」的平穩大道。可是，有若干傳統主義者（traditionalists）不察中國固有傳統底毛病何在，反而將中國近幾十年的動亂歸罪於科學與民主之提倡。這一歸罪，就易於導向科學與民主的誤解和曲解。他們認爲科學是唯物的，又是「淺薄理智主義的產物」；民主是次級（secondary）東西。中國底問題之根本在道德淪喪。道德救起了，民主不民主根本不成問題。這種看法，近來頗爲若干人士所執著。顯然得很，這種看法是對於科學與民主來自右方的曲解。這種曲解之有害於科學與民主之發展，正不下於來自左方對於科學與民主的曲解。有害於科學與民主之發展，亦即有害於中國底前途——假若中國要有前途的話。所以，對於這類曲解，有辯明之必要。

㈢科學與民主並非一成不變的純概念建構；而是活生生的實際發展。既然是發展，於是常在動變之中。既然常在動變之中，於是迭有新的內容出現，我們就須常常予以檢討。

基於上述三種理由，所以我們要提出科學與民主這個題目來討論。我們並且希望大家時常討論。

二、科學底基本性質

說來眞是令人惋惜，中國提倡科學已經這麼久，可是許多人對於科學的了解，竟與張之洞不相上下。張之洞有句名言，他說：「中學爲體，西學爲用。」他在這裡所說的「西學」就是科學；他所說的「用」就是「製器利用」；所以，科學就是「製器利用」之「學」。他之所以對於科學得到這樣的認識，係因當時彼輩所見的無非「船堅炮利」。就張之洞等人初接觸西洋文明以及外界刺激而論，他對於科學祇得到這種程度的了解，這是毫不足怪的。可怪的是現在許許多多人一提起科學，還認爲祇是製器利用之學。不錯，我們不能說科學不是製器利用之學。然而，嚴格地說，製器利用祇能算是科學研究底副產品，不能算是科學活動底正身。器何以製，必有所本。比較有深入一層認識的人所知道的，製器之所本，無非是物理算數，聲光電化。這些部門卻共同例示科學的基本性質。我們現在將科學的基本性質展示出來。

㈠**印證的**：一切經驗科學無不注重印證。我們簡直可以說，沒有印證就沒有經驗科學。十九世紀時，赫胥黎（T. H. Huxley）就已經非常著重實證。他說，關於靈魂不朽之說，他既不承認，又不否認。如果要他相信靈魂不朽，除非拿出證據來。達爾文底演化論之所以戰勝了傳統的特創論，就因達爾文能夠提出證據來支持他底這一學說；而特創論者則不能。愛因斯坦底相對論之所以能取信於人，並非靠那一堆普通人不了解的符籙，而是由於他底預言與一九一七年觀測到的事實相合。印證原則（the principle of confirmation）近年以來，爲科學經驗論者最常討論且亟欲確立的原則。這個原則爲什麼如此重要呢？人既然不是上帝，那末欲了解自然底行爲（the behavior of nature），祇有靠觀察來建立一組想法。但是，這一組想法，不必即與自然底行爲相合。因此，構成想法以後，我們必須拿證據來證明它是否爲眞。如其不然，我們便很容易陷入主觀的錯誤。荀子說得很明白：「無證驗而必之者，愚也。」可是，這一點容易說，卻不甚容易做到。如果我們沒有養成隨時求證的習慣，我們固然「懶於」求證；如果我們爲種種「如願的想法」所支配，我們會因怕在證據之前張惶失措而「不願」求證。

(二)**懷疑的**：我們可以說，懷疑乃科學知識之母。如果我們對於自然與人生底形形色色視若固常，絲毫引不起懷疑之念，那末科學知識是無從發生的。自古以來，看見蘋果落地者多矣。然而，大家司空見慣，不予懷疑，於是也就發現不出什麼道理。獨有牛頓對於這種大家不以爲奇的現象之所以然發生懷疑，窮思苦索，終於發現萬有引力的道理。對於風俗、習慣、政教，又何獨不然？如果大家對於身在其中的風俗、習慣以及政教，視爲固常，不稍懷疑，不問利弊，那末也就沒有進步之可言了。

也許有人說，事事懷疑，像這樣懷疑下去，豈不是要變成知識上的虛無主義？非也！我們提倡懷疑，並非把懷疑當作知識底終點，而是把懷疑當作求知底起點；我們不把懷疑看作目的，祇把懷疑看作過程。近代提倡懷疑的大師代嘉德（R. Descartes）所提倡的懷疑是「有系統的懷疑」或「合理的懷疑」，從可懷疑的事物入手，一直推敲下去，希望到無可懷疑之點爲止。再從這無可懷疑之點出發，逐步建立起確定的知識。在大體上，我們說科學起於懷疑，也是與此同一路數的。

(三)**累聚的**：經驗科學底進步，不是一蹴而就的；而是在長遠過程的發展中，逐漸由零星片斷累聚起來的。這種情形，與致富之勤儉起家相似。這種情形，不獨於經驗科學爲然，於數理科學亦然。從歐幾理德幾何學演進到非歐幾何學，是經過黎曼、羅巴科夫斯基等學人之一點一滴努力實現的。「羅馬不是一天造成的」，科學之得有今日的成就，又何嘗不然？

㈣**試行的**：我們在上面說科學知識底成就，是靠累聚而來的。而在科學知識長期發展底過程中，科學知識之得以累積起來，多少要靠著「試行錯誤」（trial and error）。人總是自以為萬物之靈，智慧比別的動物高。在某些方面，人底智慧確乎比其他已知動物高。然而，無論人底智慧怎樣高，他在求知的長遠過程中，是無可避免地要走試行錯誤之路的。人在這方面之走試行錯誤的路，照有自尊心的人看來，是與做心理實驗時老鼠走迷宮不同的。其實，在邏輯上，二者完全一樣；所不同者。不過程度之差而已。而且，除了求科學知識以外，人在政治選擇上所表現的無知與錯誤，比老鼠走迷宮時所表現的，恐怕好不了多少吧！

至少近三四百年來，科學的理論不斷地被提出，也不斷地被修正。從歸納方法來著眼，科學猶如一隻小燈籠，在漫漫長夜裡摸索前進。摸索前進，錯誤是免不了的。但是，如果宇宙是有窮的，那末錯誤之減少即有助於正確之增加。

㈤**系統的**：科學知識與常識之別，在前者有系統而後者無系統。零星片斷的知識不是科學，科學家喜好把他們可能得到的資據（data）歸約到可能簡單的定律，或原理與原則之下，並且可以據之預料未來。同在一個系統之中的定律，或原理原則，最須滿足的條件，就是彼此不相矛盾。所謂彼此不相矛盾，意即互相一致。

也許有人說，你既然說科學是累聚的，是試行的，怎麼又說科學是有系統的呢？這豈不是自相矛盾嗎？這個問題之提出，係由於把「系統」與「體系」混為一談。一字之差，差之毫釐，謬以千里。體系，是大陸理性派或黑格爾唯心派玄思（speculation）底產物。這類體系，是藉玄思構造的宇宙圖象或行程。照他們看來，這樣的體系一旦構成，世間萬事便因之得到意義、解釋、以及預斷。這樣構造出來的體系還有一項特色，就是，一旦構成以後，便一成即就，不能有所更改。所謂「一字不易」是也。然而，科學的系統不是這樣的。科學的系統，不過是一種「工作系統」（working system）而已。工作系統，僅僅是爲了研究工作的便利而設的。它底目的在安排經驗語句，並且試行推論。這樣的系統富於彈性，隨時可以修正，甚至於放棄。所以，我們說科學是系統的，不僅不與上述兩項相反，而且是相成的。

㈥**互爲主觀的**：這裡所說科學是互爲主觀的（intersubjective），意指科學知識之爲眞，不僅相對於一個人私有的知識而言爲眞，並且是相對於別人的知識而言爲眞。這就是科學知識底社會性。凡科學知識都須是可公開的，可共知曉的。任何正常的人，遵循一定的程序，都可對科學知識有所了解，雖愛因斯坦底相對論亦不例外。科學無祕方。

㈦**運作的**：我們說科學知識是運作的（operational），這個觀念對於我們似乎頗爲生疏。其實，這個觀念在中國古代即已萌芽。孔子所說的「行以知之」就含有這個觀念。不過，後來這個觀念未經發展，以致看來頗覺陌生罷了。運作觀念，經物理學家布利基曼（Bridgman）詳加發展，已成現代哲學思想界甚有影響的思想。布利基曼把這種思想叫做運作論（operationalism）。依據這一論說，我們可以知道，「知」與「行」不能在事實上截然劃分。知之維何，須倚靠行之維何的實際過程而決定。同樣，語句之眞或假，與此語句由何而得到的實際程序不能分離。換句話說，建立此一語句的實際程序即決定此語句之眞或假。從這一看法，我們可以知道，過程與眞理並非二元的，並沒有離開實際程序而獨立存在的理念世界。

我們在以上將科學的基本性質概括地陳示出來了。從上面一番陳示，我們可以明瞭，這些要素，如果從心理方面著想，根本就是一些基本態度或看法。有了這些基本態度或看法，再有其他條件與之配合，就產生了科學。如果沒有這些基本態度或看法，即使有其他條件，一定不能產生科學。文明史可以充分證明這一點。

也許有人覺得奇怪，這些基本態度或看法，與民主何干？也值得在此陳示？關於這個問題的解答，的確非常重要。我們看了第四節所作的論列，便可明瞭這一層。

三、民主底試煉

關於民主底基本性質，作者在別的論著裡已經說得不少，所以不在此處贅述。我們現在所要討論的，是對於民主的試煉。吾人須知，有關人類生活的制度，有人贊成，就常有人反對。從遠處大處著眼，對於一個制度之反對，乃對此制度之試煉。「眞金不怕火來燒」。適合人生的制度，不怕試煉：愈經試煉，無論在理論上或在實際上愈可站立得穩。民主制度在今日，正是處於受試煉之秋。對於民主的試煉，可以分做兩種：一種是來自左方的；另一種是來自右方的。左方的屬於泛政治主義。右方的屬於泛道德主義。左方的比較著重從現實政治尤其是社會基礎上打擊民主。右方的比較著重從倫理基礎或道德的觀點來輕忽民主。二者底立場雖各不同，出發點各異，論據也不一樣，可是，二者對於民主所持取消的態度，則無不同。

我們先談來自左方的打擊。在這個世界上，民主的生活方式與政治制度之存立，乃一切形色的獨裁極權暴政之威脅。夜晚行劫的最需要黑暗，你老是拿燈照在旁邊，他幹麼不要打熄？民主的生活方式與政治制度一天存在，則一天對照得獨裁極權暴政尷尬。因此，一切形色的獨裁極權制度必欲消滅民主的生活方式與政治制度而後已。從這個意義說，民主世界與極權世界確乎是不能並存的。然而，時至今日，極權者要從正面明明白白宣稱反對民主自由，確乎有點「礙難啓齒」。而且，要從正面的理論來反對民主制度，所得結果恐不見佳。怎麼辦呢？他們從挖掘民主制度底社會基礎著手。如所周知，他們說現在盛行於英美的民主是「資產階級壟斷的民主」，所以是假民主。既然是假民主，還有什麼價值可言呢？

這類論調，若干年來，雖爲大家所「耳熟能詳」，但是可惜經不起分析。這類論調底基本毛病，就在把東方社會傳統的「階級」架子移置到英美社會，再裝上英美原有民主的內容。這又是一個理論的魔術。這個理論的魔術給人以暗示作用，使人一提到「階級」就不自覺地聯想起東方傳統社會底那一套；一提到「資產」就不自覺地聯想起西方社會底那一套；自己又不自覺地在認知作用中把東西二者合併起來，糅成一個所謂「資產階級的民主」。顯然得很，所謂「資產階級的民主」，在宣傳者這一方面，是筆底之花；在被宣傳者方面，是想像的幻構（fiction）：實際情況並非如此。誠然，美國底「資產」甚多，但東方式的「階級」不曾有過。美國社會是憑體力和腦力吃飯的社會。「身份」賣不了錢。在美國，灰犬（Grey Hound）公共汽車底司機，一個一個的神氣，活像大總司令。開街車的唱歌給乘客聽，互爲笑樂。大企業多，但股票所有人更多：管理權與所有權有了顯著的分化。工廠逐漸爲勞資雙方所共有：勞資對立的壁壘一天一天地在消逝之中。你如果親身到美國最普通的工人之家住上幾天，你將會發現「階級」一詞是多餘的東西。至於英國，傳統中留下來的那點架子，給辛酸的第二次世界大戰和工黨消磨得祇剩下一點社會性的禮貌痕跡了。在西方世界，「資本」漸漸被修正。在不久的將來，它將不復代表一種「權力」，而變成一種「服務」。於此趨勢中，所謂「資產階級民主」從何說起？美國不曾有過「階級」，英國底「階級」在她國內快要變成社交名詞。現在要找「階級」，倒是應該到蘇俄這類共產國邦去找。在那些地方，有著森嚴而不可踰越的階級。不過，那些階級不是「資產」形成的，而是建立在政治權力之上的。

我們在上面所說的是來自左方的對民主之打擊。我們現在要進而討論來自右方的對民主之打擊。如前所述，來自左方的對民主之打擊，是從民主制度之實際的社會基礎著手。而來自右方的對民主之打擊，則是從道德這一類底心理基礎著手。從這一方面來打擊民主的人，都是傳統主義者。凡傳統主義者都是保守主義者。這類的保守主義者，遇事持一種泛道德主義的（panmoralistic）觀點，而其泛道德主義又係置基於一種與黑格爾底泛邏輯主義血緣極其相近的「形上學基礎」之上。

這一方面的人士之打擊民主，姿態與前者不同。彼等之對待民主，亦如其對待任何其他人文活動一樣，也是從泛道德主義這一窗孔出發的。惟彼等設詞綺複，形上學的陳敘詞與文藝鋪陳雜然迸流，以致使人莫敢仰視。其實，一剖其認知成分（cognitive component），並不難用通常語言明白表示出來。泛道德主義者對於民主的批評無非是說：民主制度，一落入制度，就是形下的東西。形下的東西受形上的精神所決定。形下的東西是形上的精神之表現。今日的問題，已不在制度方面；一落入制度方面，已屬枝微末節。今日的問題，發生在道德精神之淪喪。道德精神一淪喪，什麼制度都救不了亂。道德一恢復，行什麼制度都無關宏旨。道德是精神的本質，民主不過是一種政治形式。道德的精神本質恢復了，天下自然隨之大治。譬如言之，麵粉壞了，做成饅頭固然不好吃，做成花捲還是不好吃。麵粉好了，做成饅頭固然好吃，做成別樣子的東西同樣好吃。所以，今日最重要的問題，厥惟挽救道德，何必斤斤於民主形式？而道德依存於傳統之中。所以，挽救道德，必須保衛傳統。

持此說者，常不直接糾纏於實際政治，且多出於論道講學之姿態。這種說法，又與因恐懼外力而由政治引擎所掀起的一股貌似的復古思想契合，同時，又不像來自左方的人士那樣直接打擊民主。因此，這種說法，似乎頗能得一部分抱有懷古之幽情者同情。然而，可惜得很，在稍有解析能力者看來，這類宣傳實在是毛病百出。不過，作者這篇文章不是討論專門哲學問題的文章：我們在此所能指陳的，主要地限於指出這類宣傳與實際世界有所扞格的地方。

這種說法所蘊涵的最大毛病，在把思想秩序（order of thinking）當作事物秩序（order of things）。思想秩序與事物秩序常常相差甚遠。思想秩序幾乎不可能等於事物秩序。人智之所能爲力者，祇是「逼近」事物秩序。而要逼近事物秩序，必須時時刻刻針對著經驗世界。現代的解析哲學家與過去的玄想哲學家最大的分別之一，在於前者是睜開眼睛想，後者是閉上眼睛想。睜開眼睛想，逼近事物秩序的程度大；閉上眼睛想，等於閉門造車。閉門造車，未必出而合轍。但是，玄想的哲學家常常爲自己造作的思想「體系」所迷，以爲自己閉門造作之車，出外必然合轍，甚至挾「大義」以強天下從同。毛病就出在這裡！道德先於制度之說，充其量祇是哲學家自己用思想清理出的一個秩序，並非在實際世界眞的是道德先於制度。在實際世界，道德究竟是先於制度，抑是制度先於道德，這是有待於社會學、人類學及民俗學來依照經驗事實解決的問題。恐怕，要說何者在先，其邏輯上的困難，不下於要確定雞生蛋還是蛋生雞。既然如此，若干傳統主義者所持欲實行民主制度必先挽救道德之說，實乃無根之談。這類說法，至多祇能表示說之者個人之有此願望而已。

形式與內容之分，嚴格地說，本是一種設詞的方便。事實上，沒有人能把形式與內容作個幾何學的劃分。所以，如果把這種分別看得太僵，反而會弄出謬誤的結果。前面所說傳統主義者認爲道德本質弄好了制度形式便隨之而好的看法，便是犯了這種錯誤。認爲本質能決定形式的出現，可以叫做本質主義的謬誤（essentialistic fallacy）。在實際上，究竟本質決定形式，還是形式決定本質，這也是很難說的。而傳統主義者貿貿然認爲道德本質決定一切。這不能說不是一種輕率判斷。

我們暫且撇開「形上」與「形下」這些玄學名詞不談，也不計較「形式」與「內容」孰爲重要，端就事論事，我們且請教道德形上學家，如不保有或建立民主制度，那末你底「道德精神」究竟依存於何處？道德行爲又怎樣展佈？君不見！在極權制度之下，宣傳道德被看作是販賣文化鴉片？

我們並沒有承認民主制度盡美盡善。人間世的東西多少總是有毛病的。民主制度當然有其缺點。不過，民主制度從個人出發，又歸結於個人。在一切制度之中，民主制度最尊重個人。因此，在一切制度之中，民主制度可能帶出人道主義。人道主義是道德之實踐公理。所以，講道德，在政治上最好是落實於民主制度。既然如此，我們與其空談道德，不如落實建立民主制度。

依據以上的解析，可知無論來自左方的打擊，或是來自右方的打擊，確乎都未能取消民主制度。恰恰相反，民主制度反因這些試煉而更見堅強，更加內容充實，更加站立得穩。杜威說：「民主在每個時代都需刷新。」現在正是這個時候。我們必須做的，也正是這種工作。

四、民主必須科學

我們在這一節以及後面一節所要討論的，是民主與科學二者互為必要條件。這也就是說，民主不可無科學，科學也不可無民主。科學與民主二者，猶人之左右兩腿，互相幫助，缺一不可。我們現在先討論民主不可無科學。

我們在這裡說「民主不可無科學」，意指民主必須以科學的基本態度為心理基礎。民主如不以此為心理基礎，那末，不是易流入虛無主義，便是易因狂熱（fanatic）而走向暴民政治。這裡所說的科學的基本態度，就正是我們在前面第二節裡所列舉的那幾條。我們現在要進而晒露那幾條所列科學的基本態度與民主政治的關聯何等密切。

第二節底第一條告訴我們，科學是重印證的。這一條對於民主政治有什麼意義呢？意義重大之至！尤其在與極權政治對照的今天，意義更見其重大。科學既然重印證，這就蘊涵一條道理：我們要知道「什麼是什麼」（What is what?）；而且你所說的敘事語句，我可以憑自己底觀察或試驗以證其眞假。這是一個最起碼的要求。

這個最起碼的要求，如果說給一個自幼生長在自由民主的國邦而沒有吃過極權暴政苦頭的人聽，他一定瞠目結舌，想不出這個要求有何意義。照他看來，這個要求之無意義，與提倡人當呼吸空氣之無意義正同。不錯，人一生下來就呼吸空氣。當人人有充足的空氣可供呼吸時，如果有人大聲疾呼，告誡大家呼吸空氣之自由如何重要，那末很可能被當作瘋子。可是，一旦失去空氣，則平常認為不成問題的呼吸空氣之事，那才嚴重哩！同樣的道理，明辨是非之事，在民主國邦認為毫無問題者，在極權地區是個最嚴重的問題。極權暴政之可惡，倒不一定在其幽禁殺戮。專制政體之下也常有這類現象。極權暴政最可惡之處，在從根本上剝奪大家明辨是非眞假之自由和能力。而明辨是非眞假的基本方法，端在求證。但是，極權統治者根本不許你求證。求證之事，須由他代辨。總而言之，說也由他，證明也由他。你祇有聽的分。他們藉著罩下鐵幕，祇讓你知道他們所認爲在政治方面對他們有利的那些事物。他們因政治需要來替大家重新安排一個知識世界。於是，你終生受知識的禁錮。

自有文明以來，人之得到知識，無非是看我們底了解是否與經驗相符（correspond），或知識與知識之間是否融貫（cohere），或知識對人生是否實用。而在極權暴政之下所盛行的知識論，則爲一敗壞了的實用主義之形式（a deteriorated form of pragmatism）。在這種氛圍裡，所謂眞理也者，早晚市價不同。同一說法，其可印證的條件並無不同之處，然出自政治首領或政治朋友之口，便是「眞理」；出自政治敵人之口，便成「假理」。同一說法，其可印證的條件並未變，當權者說出便受擁護，失勢者說出便受排斥。同一說法，其可印證的條件並未變，然合政治需要時便奉若天經地義，一旦不合政治需要，如有人主張之，則又罪不容誅。同一理論，出自本團體內的人，視若珍奇；出自異類者，則糞土之不若。……像這一類底眞理觀，祇好叫做泛政治主義（panpoliticism）的眞理觀。在泛政治主義的眞理觀之下，政治需要爲一切是非眞假底最後審判官：凡合於政治需要者「眞」；凡不合於政治需要者「假」。無怪乎李森科（Lysenko）曾被捧上天，而正統的生物學家則被斥爲「資產階級的走狗」。也無怪乎蘇俄與納粹德國都對愛因斯坦底相對論抱持不友善的態度。納粹黨人則因愛因斯坦是猶太人，所以視爲死敵。這麼一來，我們永遠不能生活在一個眞實世界裡。我們所見所聞，將永遠是塗上政治顏色的東西，發自政治角度的聲音。這也就等於說，人一輩子在少數魔王所佈置的政治穹蒼中昏昏然作夢以終老。這樣的人生，豈不大可悲耶？所以，我們底第一個要求，是能看見眞實的世界。而看見眞實世界之最佳途徑，即是印證。生息於一可印證的世界裡，是確保民主的生活方式的第一步。

第二節底第二條告訴我們懷疑乃科學之母。近三四十年來中國底開明醒覺分子極力提倡懷疑精神。而近數年來，在一股虛飾的復古喧囂之中，有人則厭惡懷疑。傳統主義者著重把人「心」攝向那永恆不變的往古世界而厭憎變動。作者並不否認人當有其中心的信仰。然而，在傳統廢敗的目前，叫人「信仰」什麼？目前正是處於一切有待創造的階段。新舊邪說雜陳。吾人必須經過合理的懷疑之歷程再有所肯定，才既不流入狂執，又不流入盲目的信從。

極權暴政者最痛恨的就是懷疑精神，而極嚴格地要求對其教條之絕對信仰。所以，通過教育方式，彼輩從幼就培養每一人民底「絕對精神」、「一元思想」與夫「體系意識」。這一路底「精神狀態」，爲禍東西世界久矣。這類精神狀態一天存在，人一天不能和平相處，也就一天不能過民主生活。民主重討論。討論之所以發生，端在意見不同，或在於對他方言論發生懷疑。在民主的國邦，人人享有「懷疑之自由」。懷疑與民主是互相幫助的。

我們在第二節第三條裡說，科學求知的態度是累聚的。這一條所形成的心理狀態對於民主有什麼重要呢？任何國邦，不能沒有建設之事。建設思想也可粗略地分爲兩種。一種是「舉國規模」的建設思想；另一種是「累積漸進」的建設思想。前者極權國邦多誇耀之；後者民主國邦多用之。動輒侈言「舉國規模」的「建設事業」者，常常弄得廢人廬墓、拆人家園、毀人產業、驚天動地、閭里騷然、人力財力、浪費不堪，而所成就者，幾盡爲紀念「政府」之勳業。從事累積漸進的建設事業者，似乎不及前者「痛快」，但也不及前者之浪費與犧牲，而一般平民較獲實惠。無論英國對外政策怎樣，她在累積漸進這一條路上總算提供了典型的範例。英國人懂得建設的藝術。在極權國邦，建設則常難免變成一種人爲的災害。孟姜女哭長城之事，在今日已屬司空見慣。稍一分析心理底蘊，我們可以知道，極權的建設與民主的建設，其所以不同，在背後的心理狀態。隱藏在民主的建設背後的心理狀態，是漸進累聚。

第二節第四條告訴我們，科學研究重嘗試。政治尤需如此。在民主國邦，政策之施行，常富於彈性，行不通便趕快修正。而在極權暴政之下，提倡「硬幹」風氣，視「嘗試」為迂闊儒弱，不足顯示「政府」之權威。所以，遇事主張「大力推行」。政策之施行，多憑少數狂熱分子之幻想，或依空洞的「主義」而製定。如果行之不通，那未為了維持「政府威信」，決不能中途更易。在極權暴政之下，「政府威信」遠比人民幸福重要。這樣一比較，作者所提「嘗試精神」，對於民主之不可少，便可想而知。

五、科學必須民主

我們在這一節所要討論的，將是科學以民主為必須條件。關於這個問題，我們可以扼要分析在下面。

首先，我們所要表示的，是民主能提供科學發展以必要的環境。我們要培養蝴蝶蘭，必須有適宜的溫室。同樣，我們要科學得以充分發展，必須供給它以適當的環境。環觀斯世，就政治角度而論，有而且祇有民主才是科學發展比較適當的環境。科學的發展，是人之純理知的發展。吾人須知，人底純理知，要能自由發展而且透露出來，並不是一件容易的事。自古至今，有各種各樣的勢力來妨害它。即使時至今日，在這樣龐大的地面，這樣眾多的人口之中，也祇有比較少數的人享有發展純理知之自由。在中古宗教勢力熾盛時，科學的理知祇有向它低頭。達爾文底物種始源論，直到最近三十年前美國還有些地方不許在大學講授。古老的東方，在傳統主義的形式籠罩之下，科學總無由發展。李之藻扭不轉這個趨勢固不用說，就是握有絕對權力的康熙皇帝也無能為力。他有幾個兒子之習天文數理，目的祇在取得他底歡心冀得權力。權力到了手，天文數理可能就丟在一旁。中國底算術九章，始終祇是算術九章，不能發展成西方數學這樣的規模。在專制政體之下，無關乎人生事物的自然科學之發展，還可不受到嚴重的干涉。然而，近幾十年來，絕對主義的黨權崛起，囊括心物，併吞六合，藉統治學術思想，把科學研究壓縮於其政治套子之中。於是科學完全成為政治工具。純理知一點也不能伸張。這些勢力爲什麼如此妨害科學底發展呢？除了心理習慣與科學不合以外，還有利害衝突。教會、君權、絕對主義的黨權，是建立在各種各色的迷信、教條、傳說，或史觀之上的。而這些東西，都是烏煙瘴氣，經不起清明理知之光來照耀的。一經照耀，便如燈之就暗，魅影消散，於是他們底各種權力也就隨之崩解。爲了保持他們各自底權力，所以他們必須把那些烏煙瘴氣救住。爲要把那些烏煙瘴氣救住，所以不能讓科學理知之光抬頭——不能讓大家清楚認識這個客觀世界。時至今日，專制政體已成政治點綴品，宗教多向科學讓步。二者俱不足以危害科學底發展。目前重大危害科學發展的，就是挾科學技術與群眾心理而崛起的極權暴政。現在，祇有民主政治不需要那些烏煙瘴氣來掩護，祇有民主政治才讓我們兩隻眼睛看清這個世界。所以，有而且祇有民主才能提供科學以發展的環境。我們啓眼一觀，目前的世界，有而且祇有在西方的民主世界，科學才能獲得獨立而充分的發展。

也許有人問：如果科學必須在民主的環境之中才能有長足的發展，那末極權的蘇俄就不應該有可與美國抗衡的高深科學成就了。然而，何以自第二次世界大戰以來，蘇俄在科學方面有長足的發展？何以蘇俄能搶先造出地球衛星？

吾人須知，自第二次世界大戰結束迄今，蘇俄立意與美國競爭領導地位並創建世界霸權。而它達到這種企圖的基本工具是科學。這裡所謂的科學，是一般人所說的「自然科學」，並非一般人所說的「人文科學」。對於「自然科學」，除了像強調「日爾曼物理學」的希特勒這樣的瘋子以外，現今一般人在可以通融的態度之下認爲它在政治上是居於「中立地位的」。總沒有一個正常的人能說「古巴化學」與「美國化學」在基本上是不同的化學。蘇俄爲了發展「自然科學」，它不能不犧牲一部分主義教條的權威，不能不相當解除對於「自然科學」家之思想的束縛，來換取「自然科學」的進步。而民主國邦則不需要這樣辛苦。這兩種事實的對照，正好證明科學與非民主的極權思想統治大不相容；而非極權思想統治的民主社會與科學的發展則乳水交融。

關於這個問題，我們可以作進一步的觀察。所謂「人文科學」，在任何極權地區都是被置於「中央管制系統」的管制之下的。「人文科學」的研究，必須遵照「黨的路線」，必須合於「主義」的前提。當著事實的客觀性不合既定政策時，則用筆尖改變「事實」。研究歷史，必須像塡表一樣，首先絕對肯定唯物史觀，依照正反合的預定程序，塡進歷史事實。這還有什麼科學可言？

其次，我們所要指明的是，有而且祇有民主政治才能安全地控制科學。我們大家都知道現代科學武器發明之可怖。但是，同爲原子彈，被握在美國手裡總不像握在蘇俄手裡那樣可怕。爲什麼大家在心理上有這個不同的感覺呢？因爲，一個民主，而另一個極權。民主國邦之行事是可以測度的；而極權國邦底行動是比較難以預測的。這是就最易引起大家注意的事例來說。其實，就整個科學的成就之控制說，意義則更爲重大。

科學如不自行應用（self-apply）一次，可能對人非常有害。爲什麼呢？

同樣叫做「政府」，民主政府與極權政府底實際意含（connotation）大不相同。民主政府祇能算是人民「聽差的」；極權政府則是「拿鞭子的」。作者說這話並不表示，民主政府底主持者都是天生聖哲，樂於爲人聽差；而極權政府底主持人，一個一個的都是天生魔王，秉性好殺。在事實上，民主政府底成員難免間或有一兩個地痞流氓。這是近代選舉制度之下不易避免的結果。近代選舉制度並不能夠十分做到「選賢與能」，它是以量勝而不一定以質勝。復次，我們也沒有充足的理由肯定，僅就個人底本性而論，極權政府中簡直連半個慈悲爲懷的人也沒有。然而，根本的問題不在這裡，不在個人心性的好壞，而在政權底性質。民主政權底一根繩子，始終抓在選民手裡。你如果不好好幹，「老子們」下次不選你，你就得下臺。爲了下次競選的勝利，民主政府之所作所爲，非得選民喜歡不可。但是，極權政權則大謬不然。極權政權是一個自我肯定的永久政權。現代極權政權一旦建立起來，從內部藉人民底力量來推翻它，幾乎是不可能的事。這並不是說，現代極權統治者一定比從前專制的統治者能幹，而是由於他們底憑藉比專制統治者有效力得多。他們現代的憑藉，就是現代工業化了的這一套。在這一套之下，個人底作用，相對地日漸縮小；而誰掌握了這一套，誰便扼緊了一切個人。民主與極權兩種政權底基本性質既然這樣大不相同，於是，在運用科學的成就上，二者底基本著眼點也就大不相同。在民主國邦，最大多數的科學成就來自民間，也用之於民間。福特、萊托、柏爾、依斯脫曼（Eastman），以至於弗爾敦、斯提芬遜，無不如此。但是，極權國邦根本自身就少科學成就。他們一發現別國有何新的科學成就，第一個動念，就是如何千方百計弄來作鞏固政權之用。這個世界上的許多極權地區，老百姓連電話都少有，而他們底政府則測謊機、錄音機、電刑工具、電子顯微鏡，……這些現代科學工具，幾乎應有盡有。這些工具之輸入，是為了什麼？一些半落後的人民，面對著擁有最新科學技術的統治集團，這意味著什麼？像美國這樣高度工業化的國邦，社會組織這樣嚴密，若無民主控制，讓共產黨徒來管，實不難於一夜之間變為極權國的。科學而無民主，其可怖實難想像。

科學而失去民主的控制，所發生的可怖結果，還不止於此。羅素說：「對於意見的控制之完成，端賴各種科學技術。在極權國邦，所有兒童都得上學，而所有的學校悉歸政府控制，因此，官方得以封閉青年一代底心靈，使其見不到與官方正統教條相反的任何事物。如果沒有紙張便無由印刷，但一切紙張悉被控制於政府之手。廣播與電影亦為官方所獨佔。人民要互通消息，祇有靠耳語。但是，偵查技術日益增進，所以即使是耳語也非常危險。老師教導學生，假若父母在家庭裡私談顛覆政府的話，那末孩子們就有告發的義務。沒有誰人能夠擔保他最知己的朋友不會告發他。……凡此等等，並非出諸想像，而是每天每刻都有的事實。……」又說：「現在，許多人一談起卡利古拉（Caligula）和尼羅王來，猶有餘悸。然而，他們底罪行，和現代的暴君比較起來，實微不足道。在羅馬帝國時代，除了在上層社會之中以外，即使處於最壞的帝王統治之下，一般人底日常生活比在現代極權統治之下正常多了。卡利古拉所要的，不過是其敵人一個人底腦袋而已。如果他看見希特勒在奧希維茲（Auschwitz）所設的科學屠宰場，一定艷羨不置！尼羅王曾盡他最大的努力建立一個偵查網。

他所要偵查的，不過反叛者而已。可是，到頭來，他還是被人弄的一個陰謀所擊敗。假若他被蘇俄的特務所保護著，也許可以終其天年的。上面所舉的，不過是科學嘉惠於暴君的事情中之幾件而已。」

更有進者：「生理學與心理學底進步，在將來對於人的心性之控制，較之現代極權國邦所為者尤烈。斐希特認為教育之目標在毀滅自由意志。所以，當學童離開學校以後，終其一身，除老師所願傳授者外，沒有其他念頭，也不會發生其他動作。不過，當斐希特之世，此乃一不可實現之理想而已：斐希特所認為最佳的制度產生了馬克斯。在將來，祇要有獨裁制度存在，斐希特底理想就不會落空。在年齡極小的時候，政府可以給小孩喂以特種食物，注射特種針藥，並予以特種訓練。這三者聯合作用起來，可以產生一種官方認為要得的品性。經過這樣一番製作，希望由此程序成長起來的人對政權作嚴重的批評，這在心理上是不可能的事。在這種環境之下成長起來的人，即使遭際皆不幸之至，他們都相信自己是快樂的。因為政府告訴他們是這樣的。」（以上係譯大意。其詳情參看B. Russell：*The Impact of Science on Society, Scientific Technique in an Oligarchy,* 1952.）

由羅素之言，我們可知科學技術一旦握諸極權暴政者之手，其危害已至何等程度，以及可能至何等程度。而科學技術握諸民主政府之手，對外不致構成莫測之禍，對內則不致妨害「利用厚生」。所以，科學必須民主。科學在民主環境之中，不僅能獨立而正常地發展，並且是被安置在不必令人耽心的去處。所以，科學一離開民主，人間很可能變成地獄。科學不離開民主，世界可以獲致和平，人間可以獲致幸福。

第十章 正確思想的評準

我們常常聽到有人說：「我的思想正確」、「你的思想不正確」；「這個人的思想正確」、「那個人的思想不正確」。在這類批評的背後，似乎隱含著一個要求，就是要求思想正確。是的，很少文明人安於他們自己的思想不正確；而大多數文明人希望他們自己的思想正確。

然而，在斷定某一思想正確或不正確以前，我們必須有一個據之以斷定某一思想正確或不正確的評準（criterion）。如果這個評準沒有建立起來，那末無論我們說某人的思想正確或說他的思想不正確，都是沒有意義的。換個形式來說，在正確思想的評準沒有正式提出之前，我們既不能有意義地說別人的思想正確，又不能有意義地說別人的思想不正確；我們既不能有意義地說我們自己的思想正確，又不能有意義地說我們自己的思想不正確。

我們現在要問：這樣的評準是否有呢？有，而且很雜多，最大多數人都不自覺他們所採取的評準大多係不自覺地來自他們的父母、學校、教堂、工廠、訓練場所、公共交通的系統等等。現在，因著種種條件之限制，我們祇能簡略列舉對於我們最具支配力的幾種評準思想之基本條件：

㈠**宗教**：每一高級的宗教都有教義。從這一教義出發，這一宗教有其特殊的宇宙觀、世界觀、人生觀、生死觀、善惡觀、婚姻觀種種等等。這些「觀」，就是信奉這一宗教的人士據以論斷某一思想「正確」或「不正確」的預設評準。凡合於這些「觀」的思想就是「正確的思想」，否則就是「不正確的思想」。

㈡**文化**：文化是一種調合模式。它也是人的心智對生活環境長期反應所形成的行為模式。每一文化是一價值叢結。幾乎所有的人都泡在他們由之而成長起來的文化氛圍裡。人在文化空氣裡，很像魚在水裡，多未自覺。因此，在某一文化型模裡成長起來的文化分子常未自覺地將該一文化裡的生活方式，道德標準，價值觀念，視作固常，奉若天經地義。於是，這些東西，有意或無意地成為他據以論斷思想正確或不正確的評準。如果某一思想合於這些條件，那末他就說這一思想是「正確的」；如果某一思想不合於這些條件，那末他就說這一思想是「不正確的」。

㈢**傳統**：傳統可以是單系的，也可以是多系的。無論傳統是單系的還是多系的，傳統總是連續的。因為傳統是連續的，所以它常成為思想的軌序。思想一在軌序中進行，於是，遇到同型的刺激，反應也是同型的。例如，許多傳統主義者一遇到對「道統」的疑難，便斥之為「異端」、「邪說」。傳統與祖宗的遺訓又有密切關聯。在傳統之下，凡屬與之相合的思想，便被看作是「正確的」思想；凡屬與之不合的思想，便被斥為「不正確的」思想。

㈣**教育**：照通常的想法，教育總該是培養「正確思想」的程序。但是，在不同環境裡的教育有各自認為「正確」的思想。英國哲學家洛克（J. Locke）說：「心如白紙」。這話誠然是毫無人類文化學（human culturology）根據的理想之談。但是，如果我們將這話改成較弱的形式，說人在幼年時心田比較年長者單純，那末確乎是不錯的。既然人在年幼時心田比較年長者單純，於是正好容易被塗上五顏六色。人的思想以或多或少的程度受教育程序所決定。第二次世界大戰以前的日本人以侵略中國為「正確的」思想，反對侵略中國的思想被認為是「不正確的」。這裡有許多中小學生則認為合於教科書的思想是「正確的思想」；不合於教科書的思想是「不正確的」思想。可惜他們忘記了編教科書的是人，而人是會有錯的動物。

㈤**政治**：在這個小小地球的表面，有些人士視權力為生命，把獨攬政權當作人生唯一要務。為了達到這一目的，他們製造若干原基命題（proto-propositions）。從這些原基命題出發，塑造世界觀，社會觀；並依之而寫歷史，評人物，編新聞，壟斷是非。結果，凡合於這一基調的思想，都被認爲是「正確的」思想；凡不合於這一基調的思想，都被認爲是「不正確的」思想。

除此之外，當然還有屬於某一個人特有的主張、好惡或價值觀念。凡與之相合的思想，他便認爲是「正確的」思想；否則便是「不正確的」思想。這樣的個人可能取得酋長、君王、大法師、大教主、大導師中的任何一種地位；或沒有取得這些地位中的任何一種地位。如果他取得這些地位中的任何一種地位，那末他所持的思想評準天然地會被吸收於前述五大條件之中去。如果他沒有取得這些地位之中的任何一種，那末他的思想評準就不具任何重要的社會意義（social significance）。這也就是說，他所持的思想評準不會產生什麼社會影響。既然如此，於是我們在這裡不必討論。

在上列確定思想評準的五大條件之中，我們發現一個共同的地方，就是：凡思想之合於這些條件的，便被堅持這些條件的人認爲「正確的」思想；凡思想之不合於這些條件的，便被堅持這些條件的人指斥爲「不正確的」思想。這樣一解析，我們立刻可以發現，這些人士口裡所說的「正確的」思想或「不正確的」思想，是而且祇是「合於」（conform to）或「不合於」他們自己所持執的思想評準罷了。

我們說到這裡，難免引起這樣的一個問題：上面所列五種思想評準條件可否成爲大家共同遵守的評準條件呢？這是當前世界上最重大的問題之一。爲什麼呢？因爲，人類的行爲以各種不同的程度跟著思想走。如果有些人以爲自己所持執的思想是絕對正確的，而且可巧他們手有看得見的或看不見的皮鞭，硬是要別人接受他們的思想，但可巧別人並不以爲他們的思想是正確的，那末就造成思想迫害。在另外的許多情形之下，這個問題得不到釐清，至少造成人的茫亂和失落。所以，這個問題是今日世界不安之一源。因此，這個問題一天得不到妥善的解決，世界人類就一天得不到安頓。

要大家共同遵守唯一的一套思想評準的方式有二：一是不講理的方式，即是強制的方式；另一是講理的方式。強制的方式是從斯達林到古巴卡斯楚先生等所採用的方式。這一路的英雄好漢們，一手拿起巨棒，一手領導學術教育，驅策在其勢力範圍以內的人眾從身體就範到思想就範。這種方式對付動物園裡的猴群似乎有效；但是，用它來對付人類，似乎有點勉強，有點緊張，有點不太衛生。如果我們用講理的方式要大家遵守唯一的一套思想評準，那末必須滿足這些前件：在這個地球上，有而且祇有一個宗教，有而且祇有一種文化，有而且祇有一個傳統，有而且祇有一個教育，尤爲不可少者，有而且祇有一種政治。

然而，上帝造物不齊，造人尤不齊。人類所棲息的地球雖小，上面的花樣卻多。在這個星球表面，有許多不同的宗教，有許多不同的文化，有許多不同的傳統，有許多不同的教育，也有許多不同的政治。這許許多多宗教、文化、傳統、教育和政治，各是其是，各非其非，於是也就各有不同的思想評準。這麼一來，同一思想，在某一評準之下認爲是「正確的」，在另一評準之下也許認爲是「不正確的」。任何稍有開放心靈（open-mindedness）的人總不會那末愚勇可嘉地說，祇有我們所奉的教是正教，別的都是邪教；祇有我們的文化是最優秀的，別的文化都是落後的；祇有我們的傳統是最光榮的，別的傳統都是可恥的，種種等等。在你這麼天眞地自我肯定的時候，說不定別人可能拿相同的腔調回敬。碰到那種情形，除了面紅耳赤，提高嗓子吵嘴，甚至伸拳頭打架以外，還有什麼更高明的解決方式？

面對這樣的實況，某甲憑什麼來說他所採取的論斷別人的思想是「正確的」或「不正確的」評準是「唯一的眞理」？又憑什麼來說別人的思想不是「眞理」？這樣的問題，是最難解答的問題：古往今來，多少大思想家苦思終身不得其解。如果在短期訓練場所裡能夠解決這樣的問題，那末祇能視作人類的福音。

這樣的問題之難以解決，主要的原因，是它與各人的選擇、信仰、情感、價值觀念等等揉合在一起。既然如此，怎樣「強天下以從同」？可是，時至今日，我們又不能不活在一個公共的世界裡。在這個公共的世界裡，我們面臨的問題，是在怎樣保持各人之有益於己而無害於人的選擇、信仰、情感和價值觀念等等前提之下，大家企求一個共同交道及基本生活的層界。這個層界是什麼呢？這個層界就是「認知層界」（cognitive level）。既然關係於各人的選擇、信仰、情感和價值觀念等等前提的高度問題目前難以解決，於是我們先來致力這一人類共同必須的認知層界之探求。

從思想乃人類生活之重要的一面這一意義來說，我們並不是以為認知層界解決了，人類的基本大問題之一就解決了；我們祇是說，如果大家探尋出了這一共同必須的認知層界，那末就是找到解決人類基本大問題的一個起點。

上面列舉的幾項，既未窮盡可能又未截然劃分。作者之所以列舉這幾項，主要目標之一，係為打開讀者底思路，朝著這些方向思索。我們現在要問：上列幾項，在一長遠過程之中，對於人類底生存有什麼影響？在上列幾項之中，第五項簡直不夠味道（distasteful），作者不想再提。作者認為值得一說的，還是前四項。

前四項因素對於人類社會的生活不能說沒有功用：四者底功用可以開列於下：㈠保持人類努力的成果；㈡維繫人際關係（inter-personal relations）；㈢吸收若干情愫；㈣增加一些美感；㈤增加知識。普通所謂人所要有的「嚮往之情」，以及「蠻性的拘範」種種等等，都可從這五條推論出來。它們既然含有這些功用，可見宗教、文化、傳統、教育對於人類底生存是「有相當價值的」。

然而，從推動思想進步與否的觀點看來，從致知的觀點看來，從解決實際問題著眼，宗教，特殊的文化，與傳統所起的作用為何，卻頗值得檢討。教育一項對於能否促進思想的進步，那要看所謂的教育是怎樣的一種教育而定。我們知道「自然忌真空」。同樣，人腦也忌真空。人，既然是一種會思想的動物，他就要抓一點東西塞進腦子，使他以為所作所為滿有道理的樣子。這樣，他才不感到空虛，才有個行為指針，甚至覺得「理直氣壯」。不過，可惜得很，在我們這個地球上，最大多數的人在他們較多數的時間內他們底腦袋簡直是一個未設防的城市！人眞是一種奇怪而又有趣的動物。在巷子裡，我們看，庭院深深幾許，家家戶戶把門關。可是，我們底頭腦，在一方面很固執，在另一方面，卻像開放的公圖，一任遊人自由出入，不收門票。在現代生活裡，差不多每個人底口袋都是「關防嚴密」的。可是，我們一般人對於自己底思想園地，卻是這樣漫不經心，全無一點管制設備。

一般所謂的「思想」，是夠複雜的心理活動及其內容。爲了便於討論起見，我們可以簡化如下：㈠前提；㈡構思的程序或支持的方式；㈢結論。談到前提，眞是形形色色。前面所說的共同思想之形成可以提示我們，直到現在爲止，在人類社會中，於許許多多情形之下，思想底前提是宗教教條，或是傳統的說法，或是祖宗底遺教，或是這種那種主義。而這些思想底支持方式是「信仰」或「權威」。因此，結論還是不越雷池一步地回到原來的宗教教條，或是傳統的說法，或是祖宗底遺教，或是這種那種主義。

我們現在要問：從致知的觀點看，從解決實際問題著眼，宗教教條，傳統的說法，祖宗底遺訓，這種那種主義，是否眞理呢？藉著「信仰」或「權威」而得結論是否可靠呢？有許多人說「是的」。我們也眞盼望有這樣的眞理上市。之所以如此，一來人類有所遵循；二來免得許多人再費腦筋。可惜得很，這個樣子的所謂「眞理」迄未上市。而且，支持這種「眞理」的程序也頗令人擔憂。如上所述，支持這種「眞理」的程序是「信仰」或「權威」。據我們所知，愈是不成問題的判斷，愈是不須訴諸「信仰」或「權威」的；而愈是需要訴諸「信仰」或「權威」的判斷，便愈成問題。比如說，你和朋友陳君同坐一桌吃飯，你用不著說「我眞正『信仰』陳君坐在我對面吃飯呀！」；你也無須引用權威，說「奉准黃帝命令，我看見你坐在我對面吃飯」。至於訴諸暴力，動輒威脅人身，藉此推銷「眞理」，更是野蠻落後得不値一提。

比較文明的辦法，是將宗教教條，或傳統的說法，或祖宗底遺訓，或這種那種主義當作不可或不許動搖的前提，拿邏輯當作支持的程序。這種辦法，雖然比訴諸信仰，訴諸權威，訴諸暴力要「理性」一點，可是由之而得到的結論之可以爲不可靠卻如故。從前弄邏輯的人以爲邏輯可以使結論爲眞。這是一項由將「對」與「眞」夾纏在一起所產生的錯誤想法。現代邏輯家已經截然分清楚了「眞」、「假」與「對」、「錯」根本是兩個界域裡的東西。如果邏輯能使結論爲眞，那末它就是兼辦經驗科學的事。果眞有這樣的便宜事，不僅是「理性主義」得到決定性的勝利，而且一切經驗科學家都可改行習邏輯。時至今日，我們祇能說，藉邏輯推論程序，由眞的前提可得眞的結論。然而，藉邏輯推論程序，由假的前提也可能得到假的結論。邏輯所能爲力的祇有「對」與「錯」。至於「眞」與「假」的問題，邏輯是絲毫無能爲力的，既然如此，如果宗教教條，傳統的說法，祖宗底遺訓，這種那種主義不可靠，那末雖然經由邏輯程序，它底結論也並不因之而可靠。

我底意思是不是說，宗教教條，傳統的說法，祖宗底遺訓，這種那種主義，一概都得丟到海裡去呢？作者底答覆是：我至少不是汪達爾主義者（Vandalist）。我在此的出發點是嚴格的知識。我在這裡所說的「思想」是對知識負責的思想。從這個出發點出發，我們衡斷一切宗教教條，傳統的說法，祖宗底遺訓，這種那種主義，在我們底思想中涉及知識的內容以及建立的程序。

我們知道，宗教教條，傳統的說法，祖宗底遺訓，這種那種主義，都是想像、決意、情緒、意欲、特定的人身等等因素揉合起來的產品。這些東西充滿了特殊的色調，沒有普遍的效準。我們把它叫做「有顏色的思想」（colorful thinking）。古往今來，這些東西常常侵犯了知識的疆界，常常被人拿來代替知識，於是乎毛病即產生。柏拉圖說星體底軌道是圓的。這一錯誤的說法困惑著伽利略（G. Galileo）以前許多優秀的天文學家。因爲柏拉圖底權威太大了，成了傳統，要當時的天文學家懷疑他底說法甚至放棄他底說法，這是一件難以想像的事。復次，星體底運行怎樣，這本是純藉知識就可決定的問題。但是，伽利略底理論與包辦知識的教會衝突，於是他受到教廷底虐待。人類底生活方式，社會組織，經濟制度，政治形式，必須怎樣改進才合於大家底需要，這在實踐上根本就是科學知識及科學技術的問題。可是，許許多多人對於這樣關係乎大多數人禍福安危的重大問題，不去訴諸科學知識及科學技術，而要訴諸傳統、教條或這樣那樣的主義，於是結果就很糟。戰後西德之復興，日本之再起，從來沒有聽說是由於什麼主義底法力。美國人對於主義最不感興趣，他們講求科學知識及科學技術，結果國勢強盛，民生康樂。近數十年來，中國人有的愛訴諸傳統，有的愛講主義，忽視科學知識及科學技術，結果常爲空話而廝殺，兵連禍結，民不聊生。這一對照，應夠發人深省的。

如果中國人不從這一條死巷子裡退出來，那末我實在看不出中國人底光明在那裡。

宗教教條，文化傳統，祖宗遺訓，和這樣那樣的主義，這一類底東西，可以引起人底嚮往，可以引起人底懷念，可以使人覺得自己是歷史中的一個腳色，可以激起人眾底狂熱之情。這些東西，也許是人所喜愛或不可缺少的，但是卻不能代替知識，不能據之以解決實際的問題。知識之建立，靠信仰的地方非常之少，知識與權威尤其不相干。實際問題之解決，須靠知識與技術，科學則是知識與技術底大本營。然而，宗教教條，文化傳統，祖宗遺訓，和這樣那樣的主義，這些有顏色的東西，與我們底原始性如此接近，所以極易對我們發生巨大的支配力。知識則是人類文明發展到高度的結晶。它很不容易純化（purified）。人們需要經過長期的心智努力，克服了人之愛虛榮，幻想，爲感情所攝引等等「弱點」，才能接受知識和依知識所了解的世界、社會、人生；以及依知識而作的有關行爲方向的決定。嚴格的知識是沒有顏色的（colorless）。它沒有情緒、意欲、個人成分、地域特點……攙雜其間。因此，它有普遍的效準。它是素淨的。「五色令人迷」。街頭的五顏六色容易引人注目。沒有顏色的東西很難令人發生興趣。所以，我們接受上述宗教教條等等東西，就比較來得自然而又容易；而要我們接受知識，就比較勉強，且需相當的訓練。可是，我們在致知，在思考問題，在謀實際問題之解決時，如果愈少受宗教教條，文化傳統，祖宗遺訓，和這樣那樣的主義之羈絆，照著知識所指示的方向和技術所給予的幫助，一往直前謀求結果，那末一定便利得多，一定少許許多多無謂的牽制或浪費。

如果一個人在致知時，在思考問題時，在謀求實際問題之解決時，他能夠這樣不受宗教教條，文化傳統，祖宗遺訓，以及這個那個主義的影響甚至束縛，那末，至少，他便可到達客觀的境地。於是，他便可能達到「正確思想」的邊沿了。

不過，顯然得很，如果我們消極地達到「正確思想」的邊沿，那還不夠——我們祇做了清除道路的工作。我們僅僅做了清除道路的工作，祇做到了胡適先生所謂「不受人惑的人」。我們做到了「不受人惑的人」，並不一定即能有所建樹。如果我們要能有所建樹的話，那末必須把握著可靠的憑藉。什麼是我們可靠的憑藉呢？也許有不少的人士說：「如作者在上面所說的，一切宗教教條，文化傳統，祖宗遺訓，這個那個主義，統統都不可靠，那末我們還以什麼作爲可靠的憑藉呢？」是的，有不少人士認爲沒有這些東西，就像天塌了一樣。但是，作者非常抱歉，在作者看來，在想認知問題時，撇開了這些東西，反而輕鬆愉快：在我們作嚴謹思想底途程中，撇開這些拖泥帶水的東西，倒可以接近正確的思想。

也許有些人士說：「信如君言，撇開這些拖泥帶水的東西，倒可以接近正確的思想。你所說的到正確思想之路是什麼呢？」作者底答覆是：**經驗與邏輯**。

「你把天下的事看得好簡單！天下的事那裡是這兩個東西解決得盡的？」不以爲然的人士又大聲吼叫，厲聲痛斥。

首先，我得聲明，我並沒有說天下的事用經驗與邏輯解決得盡。從我在前面所說的種種，也推論不出這個意思。其次，經驗與邏輯並不簡單，祇是有許多人士把它們看簡單了。邏輯乃天下之公器。經驗可爲天下人所公證。根據邏輯與經驗可以接近客觀。本此，我在這裡所說的正確的思想乃接近客觀的思想。祇有接近客觀的思想，才有希望爲大家所公認。科學在這裡已爲我們提供最顯明的證示。

我們所說的「經驗」，包括兩種：第一種是「原手經驗」（first-hand experience）；第二種是「次手經驗」（second-hand experience）。這兩種經驗雖然可以分劃，但卻並非脫節而是相互關聯著的。所謂原手經驗，即由感官知覺所得來的經驗。例如，目之所視、耳之所聽、手之所觸……。所謂次手經驗，即從原手經驗底語言報告出發，依數學或邏輯方式安排或組織起來，並依數學或邏輯方式推論而得的經驗報告或陳述詞。任何高度成熟的理論科學都屬此類。理論物理學、理論化學、理論哲學，都是最好的例子。全部經驗科學，如心理學、地質學、社會學、經濟學……都包括在我們所說的「經驗」裡。

原手經驗和次手經驗的關係，多少像第一層樓與第二層樓的關係：如果沒有第一層樓，那末第二層樓建造不起來。如果不經由第一層樓，那末我們無法上到第二層樓，第二層樓是離地頗高的。同樣，理論科學是原手經驗陳述詞底推出項（inferred entities）。儘管如此，它隨時可以交付證驗，至少在原則上可以交付證驗。這一證驗原則，運作地（operationally）劃分了科學與玄學。

我們不僅在學術範圍裡要求作這一劃分，並且將這一劃分推廣到人理世界、社會制度、政治建構之解析。依據對這些範圍的解析，我們加一條「應用設理」可以推出許多有用的結論。比如說，凡沒有「運作意義」（operational meaning）或非人眾所欲的社會理想，都是足以招致危險的空想。柏拉圖底「共和國」就是一個典型的例子。柏拉圖在他底「共和國」裡，夢想「哲學王」、「公共膳廳」、「共妻」……。如果有人認爲這位哲人底「理想是很美好的」，那末他們豈不應該向那些搞「人民公社」的阿飛致敬？斯達林等人不僅掌握著「人蟻帝國」（human-ant empires），而且大談唯物哲學，或退而要做「理論家」，這不是「哲學王」又是什麼？柏拉圖者，極權政治底老祖師爺也！空想常常是美麗的，但是空想也常常是危險的。我們要以經驗爲本。

以經驗爲本，乃正確思想底起點。

具有正確思想能力的人，當然就不倚傍他人之言，然而，這是否標奇立異呢？非也！標奇立異者是爲自己，不是爲眞理。凡標奇立異的人，他最後的考慮，就是怎樣造出驚世駭俗之說，能夠藉此聳人聽聞，達到使自己出名的目的就算了。中國舊式書生中之急於成名者，或唯恐名不傳後世者，多犯這種毛病。其實，這種人是很寂寞的，內心也是很空虛的。我們常常看見，小妹妹在旁邊玩沙，她媽媽和客人談得起勁無暇顧到她時，她就忽然怪叫一聲，驚動她媽媽，趕快來拍拍她。中國舊式書生常說：「語不驚人死不休。」我說：何必呢？說這種話的人，他底基本心理與這位小妹妹怪叫時有什麼不同？「驚人」或「不驚人」，是心理上的現象。某一說法，能驚甲者未必能驚乙——也許乙認為稀鬆平常。所以，驚人與否，和眞假對錯毫不相干。合於眞理的說法未必一定驚人。驚人的說法未必一定就合於眞理。關於皮爾當人（Piltdown man）的論述曾「驚動了」人類學界，是否眞理呢？誠然，愛因斯坦底相對論藉非洲觀測之證驗而驚人。但是，蒲蘭克（M. Planck）底量子理論則未曾驚人。但是二者同為近代物理科學中偉大的貢獻。

「科學的致知模態」（scientific mode of knowing）是沒有顏色的思想最具形的範本。依照這個範本來思想，我們可以得到這幾種思想模態：

㈠**不故意求同**。如果我們拿經驗事實底陳述詞作前提，依邏輯推演方式來推論，所得結論可巧與流行之論不合，那末我們不為了迎合流行之論而去修改自己藉此得到的結論。

㈡**不故意求異**。如果我們拿經驗事實底陳述詞作前提，依邏輯推演方式來推論，所得結論可巧與流行之見相同，那末我們不為了「立異鳴高」而修改自己藉此得到的結論。否則就是幼稚。

㈢**不存心非古**。理由與前條相同。

㈣**不存心尊古**。理由與前條相同。

非古與尊古，都是民俗學上的事，與科學的致知毫不相干。如果古人之言合於前條標準，那末吾人不以其為古而非之。如果古人之言不合於前條標準，那末吾人不以其為古人之言而尊之。獨立的思想家祇問是非，不問古今。

㈤不存心薄今。

㈥不存心厚今。

這兩條可從前兩條推論出來。既然如此，凡適用於前兩條的道理也適用於這兩條。因此用不著贅述。

㈦不以言為己出而重之。

㈧不以言為異己所出而輕之。

這兩條可以合併討論。這裡所說的「己」可指一個人自己，也可指他底同宗同派。這裡所說「異己」，可指異於他自己的個人，也可指異於他所屬宗派的人。所謂「黨同伐異」，這種傳統惡習，主要地係針對「人身」而言。這種惡習，幾乎彌漫社會各個層界，文人似乎也未例外。同一說法，出諸己口，便「敝帚自珍」；出諸人口，便「無啥稀奇」。同一說法，可巧為自己所信奉，即令未經論證，便視之為「絕對眞理」；可巧為別人所信奉，便可能是「異端邪說」。唯物主義和唯心主義之爭有時就是如此。近幾十年來，我們看到不少人士，起先信奉唯物主義時，將唯物主義奉之若金科玉律，把唯心主義罵得一文不值。同樣，也有不少人士，當他們信奉唯心主義時，將唯物主義斥為洪水猛獸。之所以致此，除了知識分子徬徨、挫折、焦慮、憧憬、追求、幻想、狂熱以外，尙有人身攻擊的因素在內。這種情形就是「思想鬥爭」之一節。這種「思想鬥爭」是政治、經濟、社會等等層面所交織成的全面「鬥爭」底一個層面。這樣的「鬥爭」，除了分化社會，死人無算，成立一簇一簇新勢力集團以外，一點也沒有解決「思想問題」。如果我們眞的要解決「思想問題」，必須建立「公是公非的制度」。我們要建立這樣的制度，首先得抹掉人身的因素。我們必須：祇問是非，不問人身。祇有在希特勒那個瘋人率領之下的德國國社黨那群瘋子才不准愛因斯坦相對論在物理學教本中出現。英國人則聞相對論被觀測證實而欣然色喜。

這也不行，那也不可，那末，我們要怎樣才能作正確的思想呢？作者底答覆，還是前面所說過了的那句話：**經驗與邏輯**。

有而且祇有把握著經驗與邏輯的技術，我們才能在繁複中把握著簡單。我們能有這樣的把握，才能從事正確的思想。有而且祇有正確的思想家才可能是沒有任何顏色的思想家。沒有顏色的思想，是澄清這個混亂時代所眞正需要的思想。

第十一章　從有顏色的思想到無顏色的思想

一

我們在這裡所說的「思想」意義相當廣含。它可以指稱思維底心理歷程，也可以指稱經由思維底心理歷程所得到的結果，也可以指稱由此所得到的結果回頭在思維底心理歷程中所發生的作用。這裡所說的思維底心理歷程常表徵我們以前因受刺激而獲致的經驗，印象所發生的作用，或以此經驗爲基礎而擴張或形變而成的影象。初級的思想影象較多，高級的思想影象較少。

這裡所說的思想，完完全全是或可以是心理科學與或行爲科學底實際題材。我們底思想可藉「自我觀察」（self-observation）報告出來，也可以藉一組實驗加以觀察。因爲，思想也是一種行爲。當著這種行爲發生時，中樞神經活動起來，細微的肌肉活動也發生。至於一個社群思想底共同取向或一個時代裡大多數人對於某一個或某些問題的反應態度，這是社會心理學的問題。這些問題，可以訴諸統計觀察。當著統計觀察底設計尚未完成的時候，我們可以訴諸直覺予以估定。不過，在這種時際，我們必須明瞭，訴諸直覺是不得已的方式。這種方式之運用，祇是最初的，而非最後的。在這一場合，如果哲學家有所事事的話，那末他的事是而且祇是提供最初的直覺，爲科學研究開路。哲學家底正格任務之一，是提出問題，而不是指導別人。解答問題則是有待科學家的努力。

二

我們從科學底發展跡象可以看出一個線索：人類知識底演進是從顏色較濃的狀態逐漸向顏色較淡的狀態發展。時至今日，在全部經驗科學中，物理科學幾乎成爲「無顏色的科學」，至於生物科學及行爲科學，近幾十年來，也急遽地在「褪色的道路」上奔跑。這是人類文明底一大進步，這一進步，是花費了無窮的努力和支付了重大的代價的。

有顏色的思想，在人類底認知領域以及行爲領域，一直居於支配的地位並且發生決定的作用。什麼是有顏色的思想呢？

爲了將這個問題解答得比較清楚而且容易了解，我們現在將我們要在以後討論的思想列舉在下面：

㈠**美藝的思想**（aesthetic thinking）

㈡**方範的思想**（prescriptive thinking）。球場規律，道德倫範，都包含在這個類目裡。決意的思想（volitional thinking）常常藉方範的思想表現出來。所以，我們可以說，決意的思想常常隱藏在方範的思想裡面。

㈢**情緒的思想**（emotive thinking）

㈣**圖象的思想**（pictorial thinking）

㈤**認知的思想**（cognitive thinking）

在上列A、B、C、D和E五種思想中，我們把A、B和C稱爲「有顏色的思想」；E稱爲「無顏色的思想」；而D則爲可「顏色中立的思想」。我們之所以說D是可「顏色中立的思想」，係因它與A有疊合的地方，但二者並不全合。例如，依羅巴科夫斯奇幾何學，可把宇宙想像爲一馬鞍形。這是一圖象的思想，並非美藝的思想。波爾底原子理論也是如此。A、B、C容易化合，A、B、C和D也容易化合。A、B、C與E也容易化合。我們現在規定一個說法：在E之中，祇要攙雜了A或B或C，我們便把它叫做「有顏色的思想」。

三

我們現在要進一步問：那些思想是「有顏色的思想」？

「自然忌眞空」。我們也不是活在一個思想的眞空裡。洛克（J. Locke）所說的「心如白紙」（tabula rasa）是一種想像的情境。人總是生活在思想氛圍裡，正猶之乎魚生活在水中一樣。不過，魚不是活在鹹水中，就是活在淡水中。淡水中也是有雜質的。很少魚是活在蒸餾水中的。同樣，最大多數人在他們底最大多數時間裡是生活在有顏色的思想裡。祇有最少數的人在他們底較多數時間裡是生活在無顏色的思想裡。數學家、理論物理學家、解析哲學家，就是這種人。攝取特定的文化成素所形造出來的「哲學」根本就是土產品。這樣的哲學沒有普遍的效準（general validity）。就我們所居住的地球而論，可巧得很，凡屬有顏色的思想都是特殊的。我們現在把這類思想的製成品中對人最具支配力的幾種列舉於後：

(一)**祖宗遺訓**：農業社會裡祖宗遺訓具有重大的支配力。祖宗遺訓底支配力之心理基礎是父親意象（father-image）。有些贊成「讀經」的人士贊成「讀經」的一項重要理由是「經」乃「祖人書」。在這種說法中彷彿涵蘊一個意思，即以爲「祖人書」與「可讀性」有必然的關聯，而且後人「應該」讀「祖人書」。在這種說法背後又隱藏著一種更普遍的應迫（imperative），即以爲後人應效法「祖人」。也許是這樣的，不過，作這種主張的人似乎忘記了，張獻忠、李自成等人也是大家底祖宗，至少是姓張姓李的祖宗。作這種主張的人之思路好像被某種「選擇的注意力」（selective attention）所左右：他們祇注意到成器的「祖人」，沒有注意到不成器的祖人。顯然得很，如果人類未在一次核子戰爭中被全體毀滅，那末在我們之中有些人將是未來的人底「祖人」。請問：在我們之中，究竟有幾人底言行「足爲後世法」？做一個思想家，存心「教人」者，總得不犯基本的思維錯誤才好。

㈡**傳統**：傳統是一個社會底「情境程序」（situation process）。在這種程序裡，社會文化遺產中的要素藉著連續接觸而代代相傳下去。這樣傳衍下去的東西，分殊地說，是社群底觀念、情緒、生活方式，以及價值判斷。它的傳衍工具，除了人身以外，爲語言、文字、儀式、禮節和風俗習慣。傳統常把這些東西及所負荷的內容綜括地累積起來，而大多數人生長在傳統裡並且沒有離絕傳統來獨立思想的能力和行爲的可能，所以傳統對於大多數人底思想模態和行爲模式構成巨大的支配力，甚至強制力。雖然極權到頂峰如斯達林這樣的角色，他總不能下令所有的孫女與祖父結婚，或宣揚弒母（matricide）爲一美德。在實際上，所有這類人物都得利用傳統的力量爲其權力建構的一大支柱。所不同於古代道德家者，是他們對於傳統採取馬基威尼式的態度，將傳統予以某種程度的彎曲和作必須的形變，使傳統合於其統治節奏。所以，彼得大帝，恐怖的伊凡，一切古代民族偉人，英雄事跡，都被編組到「新的」觀念形態之中去。這樣看來，想藉「振興傳統」，恢復古蹟，來抵制極權勢力，無異是痴人說夢。

傳統因係代代相續，並且是群體經驗底累積，同時在觀念上是祖宗意象之普遍化，所以常較一時產生的意見有力。整個歐洲中古時代思想與制度之凝固，實在得力於這一原因。但是，傳統底這種優越性，既常被過分誇大，又常遭人利用。「是合傳統的」與「是有價值的」這兩個謂詞沒有必然的連繫；從前者推論不出後者，從後者推論不出前者。

㈢**宗教**：依羅素底解析，歷史中每個偉大的宗教都有三個方面：㈠教會；㈡教條；㈢關於個人道德的典則。

作爲一種社會現象來看，宗教是一種社會建構。這種社會建構係圍繞著「超自然的存在」這一觀念以及人與此「存在」之間的關係而成立的。在任何成熟的或高級的文化裡，這種觀念可以形式化而成一種社會行爲底型模。不同的社會原料可以塑成不同的宗教。例如，伊斯蘭教、基督教和佛教都各有各的特色，也各有不同的社會行爲底型模。這些型模之不同，常爲異教迫害底觸發因子。

這個樣子的宗教建構，顯然是由前述A、B、C和D混合而成。因此，自古以來，以宗教信仰爲中心，常有美妙的文學、詩歌、繪畫、雕刻、建築、音樂等作品出現。當然，這話並不涵蘊在宗教建構中一定沒有E。有的，而且常常有。一切偉大的宗教建構必須有E。如果在宗教建構中沒有E，那末似乎缺少「理性的基礎」。缺少「理性基礎」的宗教，好像立不穩，站不久。這樣的宗教，既不能到達高的格調，因此又不易取信於高級知識分子。像聖多瑪（St Thomas Aquinas）底書就可以算是「理性的著作」。在西方的「高僧」中，有諸如此類著作的眞是下乏其人。不過，我們必須明瞭，在這種場合，E與A、B、C、D之間的位置關係是怎樣的。在宗教建構裡，A、B、C、D是「先於」且「優於」E的，甚至於隱身於E背後。因此，與科學相較，一切宗教都是多姿多彩的。宗教的思想可以說是最富於色彩的思想。

(四)**意底牢結**（ideology）：群體可以有許多不同的種類，例如：民族、階層、職工、宗教團體等等。這些不同的群體有各自不同的思想模式。這裡所說意底牢結，係指這些思想模式底特徵，也指觀念和信仰的一叢結而言。這些意底牢結主要地乃受各個群體所在的地理、氣候條件、習慣動作，以及文化環境之影響，甚至某種程度的決定。這些意底牢結並非必然互相排斥，而是可能相容，可能不相容的。因此，同一國籍而又分別屬於兩個不同職業團體的分子，也許分享相同的國家意底牢結，而各自所懷抱的職業方面的意底牢結可能不同。水利工程師也許想把泛濫的河流都弄得馴服，而詩人們無寧愛賞詠河流的泛濫。軍火商人渴望戰神降臨人間，而牧師們則祈禱和平。

天上的飛鳥，水裡的游魚，牠們是否在想，如有，在想些什麼，我實在不知道。作爲猴子的表親之人類，眞是一種奇異的動物。我們自己因爲是猴子的表親，一天到晚看慣了，所以見怪不怪。我們怪在那裡呢？怪中之最基本者，就是多少生活在觀念裡。生活在觀念裡的極端分子，就是「哲學家」，尤其是「哲學家」中的「觀念論者」，或是「唯心主義者」。以或多或少的程度，人是活在「觀念世界」之中的。太古之人大概是活在沒有組織的幻想裡。後來，文明進步，像希臘人，是活在有組織的幻想——神話——裡。玄學家們是生活在他們所迷戀的「形上學體系」套子裡。經驗科學家多少生活在定律、假設、理論中。邏輯家生活在符號世界裡。就人底全部生活而論，現實的世界與觀念世界是互相滲合而不可分的。固然，在許許多多情況之下，現實世界衍生著並且支持著觀念世界；但是，在不算少的情況之下，人底觀念決定著人底行爲。古往今來，許許多多人照幻想行事。近代的狂人，則照著所謂「集體主義」，或「實現」這樣那樣的「主義」來驅策「眞信仰者」（the true believers）。於是人變成螞蟻！

然而，太陽底下並沒有一個在每一種意義之下獨立於現實世界的觀念世界。最純潔的邏輯世界也不能例外。（註：關於這方面的道理，我們要想得到了解上的幫助，最好請細讀Exner & Rosskopf: *Logic in Elementary Mathematics*, McGraw-Hill, 1959, pp 123-124。順便我要在這裡特別介紹一下，這是一本非常優秀的初等數學和現代邏輯之界際的著作。另一本是愛因斯坦底助手新興數學家John G. Kemeny等三人合著的*Introduction of Finite Mathematics*。這是一本極其嚴格的數學邏輯書。第七章顯示數學邏輯對於行爲科學的應用。我奉勸有志弄通一點邏輯的青年朋友切實習讀這二本書。目前在香港如想得到這方面的知識，就我所知，祇有請教羅業宏和林悅恒二位先生。）如果觀念建構的靜態圖案不符現實世界的呈現與或需要，那末它就成爲不合身的衣服。不合身的衣服必須丟掉，另換一襲新的。在大多數人感到舊有的觀念建構不合用而需換上新裝的時候，可能便是「眞貨」與「假貨」一齊上市的時候。

我們在這裡所說的「眞貨」與「假貨」是分列地這樣界定的：凡有運作意義（operational meaning）的觀念建構，我們都叫做「眞貨」；凡沒有運作意義的觀念建構，我們都叫做「假貨」。是否眞貨比假貨暢銷呢？

不一定。拿哲學作例子來說，情形常常恰好相反：假貨遠比眞貨容易找到市場。之所以如此，至少有兩種原因：㈠分辨眞貨與假貨，本來就不是一件容易的事。慈禧太后不喜歡鑽石，因爲，照她看來，鑽石像玻璃球；㈡假設有兩種哲學貨色，一種必須購買者受過相當謹嚴的解析訓練才能接受，另一種係訴諸人底情感、想像、直覺和願望。我們不難想像，前者底銷路窄，而後者的銷路寬。這種情形，在心理基礎上，與自動閱讀數理化的人少而自動讀文藝詩歌故事的人多完全一樣。但是，危險也就出在這裡。

當觀念建構現出破綻以致不合用而必須重新建立的時際，也就是大家對於舊的厭棄而對新的憧憬的時際。憧憬含有濃厚的「理想化」（idealization）的內容。這裡所說的「理想化」是產生「想像形式」（imaginary forms）的一種心理程序。這樣得來的「想像形式」，根本就是文藝創作一類的東西。它是「心靈創造」的一種。它較少受現實世界的拘束。這樣的東西，從它被立意構作的那一剎那時開始，就與現實世界不同，而且常使讀者「覺得」較現實世界美妙可悅。如果這樣的創作品被大家普遍地接受了，大家企望其變成現實世界，並且在心裡起鬨，渴望爲其實現而奮鬥，那末，如果又有許多有力的動因（agencies）輻湊在一起，於是就發生「革命」。所謂「革命」乃社會建構之全面的和突然的改變。至少社會建構底某些重要的層面和特色之全面的和突然的改變。這種改變與尋常的社會改變不同的地方，乃在範圍較大而且速度較快，並且易於導致社會結構之暫時解體。革命常伴隨暴力俱起，但非在一切情形之下都如此。

然而，無論在什麼情形之下，這些變動是靠意底牢結來推動的。意底牢結是多姿多彩的東西。多姿多彩的東西常能吸引人，甚至能使人爲它之實現而粉身碎骨。可是，不幸得很，能夠吸引人的東西未必眞，眞的東西未必能吸引人。歷史告訴我們，大多數被吸引因而信其爲眞的人所狂熱堅持的意底牢結之「可實行性」，很少是經得起科學考驗的。從一種意義來說，它們都是柏拉圖底*Requblic*（理想國）之不同的或粗糙的摹寫。「人之所以異於禽獸者」，就是常爲自己腦中幻構的東西發狂，正像撲火的蛾子自焚其身一樣，人類常因對幻構發狂而自我毀滅。

我們在以上的分類，既不求盡舉可能，又並非互相排斥。我們並沒有立意做這樣的工作。我們之所以列舉上面四種思想，目的衹在例示有顏色的思想，使大家藉此可以明瞭有顏色的思想是些什麼，它們是怎樣構成的，以及對人的影響怎樣。除此之外，我們並不以爲所有的有顏色的思想都是對人有害的，而且是必須掃除的。在實際上，最大多數的人在他們底最大多數的時間內是需要活在有顏色的思想裡的。當著他們活在有顏色的思想裡的時候，他們才感到生之樂趣和生之可欲。我底意思衹是說，有顏色的思想不能代替無顏色的思想之功用。如其不然，那末它就成爲禍亂之源。

四

我們必須明瞭，上面所列舉的有顏色的思想，單純從內容著想，如果對人群的生活有害，那末其爲害衹是局部的。我們必須正視，有顏色的思想之危害，最嚴重的部分，在支持它的那些方式。有了那些方式，有顏色的思想不僅即行凝固，而且產生投射力。這麼一來，有顏色的思想便很難訴諸清明的理知來廓清了。

我們現在要看看自古至今習見的支持有顏色的思想之方式是些什麼。

(一) 訴諸感情

人是感情的動物。感情有「靜態」與「動態」二態。靜態的感情潛藏在心靈深處。這樣的感情，經過適當的激發，就可變成動態的感情——情感。例如，在若干年前，中國人對女性貞操觀念的情感凝結頗深。這是基於性的妒嫉和財產私有所作的倫範化合成的情感。復次，自義和團事變以來，中國人仇外心理普遍滋生。這二者成爲靜態的感情。有人利用「沈崇事件」來挑起這些情感，於是一發而不可收拾，造成反美事件，最後達到美國海軍陸戰隊撤退青島的目標。這是利用「我國的歷史文化」作原料而實施的心理工程（psycho-engineering）湊效之一大實例。

感情是很不簡單的東西。有屬於個人的，有屬於群體的；有屬於傳統的，有屬於階層的。在通常的情形之下，屬於個人的感情並不怎麼特別受到社會重視或尊重。某甲與某乙鬧意見而某乙認爲某甲所吐出的言詞不合他底口味時，某乙常常說「你這人太感情用事了」。在這種情形之下，「感情」毋寧是遭貶損的對象。但是，人是一種夠奇妙的動物，同是屬於個人的感情，如果這個人被認爲有某種代表性，或者被嵌入與眾不同的顯赫地位，那末他底感情常被群眾尊重，甚至比他所出的「璣珠之言」還要受到群眾尊重。在這種情形之下，感情具有重大的傳染力，可以約定化（conventionalized），有時甚至可以建構化（institutionalized）。例如，同一人焉，一旦藉打架勝利而做了皇帝，他個人底好惡之影響力比寫在紙上的法典要大得多，希特勒先生對於猶太人的憎惡之情，無疑傳佈到國社黨徒。如其不然，愛希曼（Eichmann）先生不至於一口氣殺掉六百萬猶太人。「文王一怒而安天下之民」，古時的「激將法」，心理根源在這裡。從歐洲到亞洲，從亞洲到美洲，我們看到的若干地區的這種「法律」，那種「條例」，這種「設施」，那種「興辦」，這種「禁制」，那種「防範」，好像有什麼道理，其實，剝掉這些外衣來看，分析到最後，是而且祇是極少數人對於另一群人恨惡之情的建構表現而已。美國和加拿大的邊境並沒有設防，呈現一片和平氣氛。歐洲若干鐵幕國邦對自由國邦底邊境架起鐵絲網。然而，我們簡直沒有理由相信，所有鐵幕裡面的人都憎恨自由世界。如其不然，他們不會冒死奔赴自由。憎恨自由世界的，恐怕祇有躲在鐵絲網後面的那幾個魔王而已。然而，那幾個魔王卻要所有的人跟著他們恨別人。這大概是「人爲萬物之靈」的地方吧！

如果一種感情是屬於群體與或階層的，那末它可以生出一股巨大的力量。這一股巨大的力量，簡直可以成爲「感情的氣旋」。陷入這一「感情的氣旋」裡的個體，他底感情反應方向必須與這一氣旋是一致的。否則的話，他會被這一氣旋毀滅掉，像人被颱風吹掉似的。一切詐騙之徒，常常把自己造成這一氣旋底中心。他們從這裡得到力量和支持。在他們之中，不見得都看不出這樣的氣旋到頭來是有害於大家的。但是，爲了自己底利益和興趣，他們毋寧喜愛這種玩藝（game）。這祇是一種玩藝，請記住。

我們看不出這個國邦對於那個國邦暴虐的因素不復存在以後，那個國邦有對於這個國邦保持仇視的任何必要。我們更看不出那個國邦底「元首」們設法延長維持這種仇恨究竟有何「理性的基礎」或「民族哲學的根據」。第二次世界大戰一結束，美國馬上拿錢救濟德國，日本人照樣在美國做生意。可是，在李承晚大統領治下，韓國人如有說日本話的一定被掌嘴。如果說這種現象係由於韓國人對於日本人之恨氣「先天地」難以消除，何以尚有一百多萬韓國人住留日本？何以李承晚大統領底統治一崩潰，許政就立即能夠反其道而行？颱風過後，青天會出現的！

如果一個群體底感情傳統化了（traditionalized）的話，那末它便有根深蒂固之勢。任何人理建構，祇要一根深蒂固，便很容易使一般人滋生一種印象，即以爲它既然存在了這麼久，「其中必有些道理」。傳統道德之維繫，在某種程度以內，就是靠這種心理狀態。可惜得很，這種心理狀態並不「內在地」含藏著什麼「眞理」。固然，一切「眞理」都是從「心」中出的；不過，當著我們津津有味地說這話的時候，我們不要忘記，一切「錯誤」也是從這顆「心」裡出來的。石頭和麵包都說不上有無錯誤。任何建構之長久的存在也不一定是其可欲性（desirability）或有什麼「道理」之保證。如果一種建構沒有可欲性或什麼「道理」，那末，如果其他一切條件依然保持不變，它還是沒有可欲性或什麼「道理」。單純的時間，「考驗」不了什麼。許多人士提到「古聖先賢」有「垂教萬世」的嘉言時，應該不要忘記奴隸制度，暴君政治，奇刑異罰，同樣有「悠久的歷史」。金字塔底輝煌與它由之而建成的奴工制度是同樣悠久的。

根深蒂固的東西，除非它底「價值」完完全全喪失，否則我們不必希望所有的人放棄它。人間找不出完全「無價值」的東西，正猶之乎人間找不出在每一種意義之下都完全「有價值」的東西一樣。在這樣的世界裡——不是地球上——沒有一件東西可思議地可說無任何「價值」的。因此，任何東西都可能有人爲它辯護，或者動怒，甚至流淚。這是用不著大驚小怪的事。包小腳儘管不爲長堤選美會欣賞，但不能說完全「無用」。至少，它可以上銀幕賺錢，或者引起若干人底懷古幽情。街頭油炸臭豆腐，在「講洋衛生」的人看來簡直不可嚮邇；但是，偏偏有人嗜之若命。誰是「價值」底標準之神？張勳復辟之爲當時許多人喝采，乃「理所當然」的事。在溥儀以後，自比於「秦皇漢武」的好漢豈是絕無僅有？通情達理的維新哥哥姐姐們不必希望他們所「不喜歡」的「舊事物」馬上絕跡。美國波斯頓汽車大道上還有馬車款款而行。維新分子所希望的境地祇要能取得一點優勢，就足以自豪了。

階層有高低之別。階層底高低之別形成社會差異。社會差異，常表現在經濟生活，政治權力，受到的尊重或賤視程度之高下等等方面。這些差異，當較下的階層經過挑激點撥而意識到的時候，便滋發出嫉妒、憎恨、仇惡、自卑等等情緒。這些情緒可加建構化。這些情緒一旦建構化了，可凝結並捏成這一階層據以看社會、看世界和看人生的出發點，以及據以論事的基本前提。當一個階層或中心的群體以此爲「內在的觀念動力」時，機遇一旦成熟，即成橫決之勢，造出壯觀的鏡頭，霍弗（E. Hoffer）所描寫的「眞信仰者」就是這路貨色。照我看來，「眞信仰者」就是「眞火牛」。近幾十年來幾個「偉大的群眾運動」，正是「火牛奧林比克大會」的展示。

上面所舉的情感或情緒，無論造因怎樣不同，實際的效應是相同的：無論什麼時代，無論在何地域，無論什麼個人，無論什麼群體，一旦靠情感或情緒作主，就變得「不可理喻」。所謂「不可理喻」的人，並非個個都是摀起耳朵閉起眼睛不與人討論之徒。這種人在「不可理喻」的人中當然佔相當重要的數目。不過，這種人在「不可理喻」是一望而知的。這種「不可理喻」的人，我們很可以叫做「赤裸裸的不可理喻者」。「赤裸裸的不可理喻者」雖然蠻性較重一點，可是，從欣賞動物的眼光看，倒可令人覺著粗野得有趣。然而，另外有一種「不可理喻者」則與此不同。這種人底特點是看起來很「可理喻」的樣子，而且是時常準備和人「講理」的樣子。他們常常穿起僧侶的法衣，長袍馬褂，或者宣傳員的制服。這類人知道許多經典，「聖人之教」，「歷史文化」或「馬列主義」，有時甚至邏輯，在必要時甚至引證經驗。但是，這些東西，統統是用來護衛胸中的那一口化不開的「痰」。當著邏輯和經驗合於他們底那一點基本情緒時，他們便選擇經驗與邏輯；否則棄之如遺。這一類底「唯情主義者」，我們叫做「穿著衣服的不可理喻者」。「穿著衣服的不可理喻者」底衣飾甚至常常比可以理喻者華麗。人是愛美的動物。所以，「穿著衣服的不可理喻」的孔雀們，常常有許多麻雀跟在後面跳舞，吱喳，陶醉。所謂「哲學」變成了這一眾鳥王國之高尚而又值得驕傲的工具。

(二) 訴諸成見

與情感或情緒在心理原料上不可分的是成見。成見可以說是情感或情緒之定型化與理由化。換句話說，定型化和理由化了的情感或情緒就是成見。成見是放在情感或情緒之底子上的心理情形。就這個名詞在心理學中的正式意義來說，成見是對於特定對象之事先所作的固定形式之判斷。例如，甲方如果對於乙方的敵意已經鑄成，那末，乙方有何舉動，甲方不待求證，事先即予抨擊。從前德國人之對待法國人便是如此。所謂「世仇」、「黨見」，都屬此類。比較普遍地說，成見是任何一個人或一個群體對於另外一個人或一個群體之思想、人身、行動之帶有情感色調的態度。從這種態度出發，成見便可衍發為一個人或一個群體，有意地或無意地，企圖置對方於不利地位的敵意。在碼頭上，這一幫會對於另一幫會的態度就是如此。在民主制度尚未穩定的國邦，執政黨對在野黨的態度也常如此。在過去，回教之與基督教對峙時的心理狀態亦然。

成見也是很不簡單的心理狀態。我們現在有選擇地分析一下：

1. 成見有與或可以分層化（stratified）。這就是說，成見不一定祇有一層樓，而可以有幾層樓或許多層樓。這許多層樓是一層一層地架構起來的。如果某甲底成見並非祇有一層平房，而是有許許多多層樓房，那末他或她底成見架構之心理程序，通常與建築舊式寶塔相似，從最下的一層開始，一層層地往上堆砌；也多少像珊瑚島之形成似的，先從底下一堆長起，然後一堆一堆地往上長。

如果某甲底成見建構像平房，祇有一層，那要消除他或她底成見比較容易。不過，這樣「心思單純」的人物似乎很少。我們不能說科學家毫無成見。我們不能說像羅素這樣的人毫無成見，我想，祇要是一個人，多少會有成見的。不過，像羅素這樣的思想家，從年紀很輕的時候就養成「審查自己底思想活動由之而出發的基設」之習慣。這種「工夫」（其實是和檢查電路一樣的技術，與什麼「修身」、「克己復禮」這類範疇裡的事毫不相干。）做多了，自動地就使他們積滯在腦中的成見減除到最少的可能限度。所以，像這一類底人，即使有成見，不難掃除。復次，如果這類底人被指出有成見，他們會很習慣地把它來和經驗事實對照一下，並且用邏輯技術來核查一下。這兩下一來，些許成見就煙消雲散了。

又次，我們一般舊式的中國人，無論年紀大小，如果拘泥於一點可愛的的「歷史文化」，即使當有人指出他底錯處時，他底第一個心理反應是你對他底「面子」下不去，甚至臉一紅。當然，年紀愈大和「地位愈高」的人，在這方面的「修養」也就愈深。這樣把「人身」和「事理」不分，談「破除成見」比登天還難。所以，在咱們中國，年紀越大地位越高的人保有的「眞理」越多！可是，像羅素、愛因斯坦這類人沒有把自己罩在這種老權威和自我防護的軌序作用交織成的雨衣裡面。沒有這類故障的人，要除掉「成見」也比較容易。他們老早從這種中古主義跳出來了；所以，在「歷史文化」上佔了先！

如果某甲底成見建構像一座香港新蓋的摩天大樓，一層之上又有一層，那末就形成所謂「成見深重」的情形。就成見深重的人而言，他較上面的成見係受較下面的成見所支配的。愈是在底下一層的成見愈有力量。

一般而論，在這樣的情形之下，如果你和他辯論，想要矯正他那一項成見，那末我很願意送你一塊橫匾：「白費力氣」！如果你有武訓先生「行乞興學」一般的毅力，一心以「破除成見」爲己任，那末我可以告訴你，你必須從所要破除的那一個層級的成見由之而建立起來的更下一層級的成見著手，如屬必要，最好一直追溯到地下層（basement）裡去。你要做到這一點，最低限度，你必須有一點語意學的解析訓練，即能從他吐露的語言裡分析出藏在它後面的基設、或意念（notion）、或位緣等等。除此以外，你還須通心理解析。

2. 成見可以硬化（hardened）。年紀大的人或土著主義者，在許多特定問題上所表現的，常爲「固執不通」；任何一種說法，祇要與他們底先入爲主之見不合步調，那怕證據掉在鼻子上，他們也不相信，不肯放棄原來堅持的「那些眞理」。這根本不是一個邏輯問題，而是一個神經生理學的問題。人底神經系統，在某些方面固然很神奇靈動，可是，在另外某些方面，比電腦差遠了。成見跑到神經觸點那裡待久了，電阻就大，因而阻力就大。於是，一叢成見附著在那兒，就產生很大的阻力。這種情形，一旦碰到與它不合的觀念結子，就「通不過」，或引起他「冒火」。相當的邏輯訓練，善用變數作思想工具時，可以將這種毛病減少到最低限度。我們看，羅素八十九歲的著作《西方的智慧》（*Wisdom of the West*），將他從前對於哲學的許多見解改動了。人到了這麼大一把子年紀還能不斷作「自我修正」，這主要地得力於邏輯訓練。有邏輯訓練的人熟習依形式來思考，操縱變數，因而思力空靈無礙，不囿於特殊事例。所以，他們可以將成見減少到可能減少的程度。一個人至少要做到這步田地，庶幾才可以說是走入「純思」之門。

㈢ 訴諸權威

權威是一種人與建構，和另一種人與建構，在對峙時所衍生的一種決定力量。在一函數關係中，發出決定力量的權威者是一自變數，受這種力量所決定者是被變數。從這一陳示我們可以看出，構成權威的必須條件是一個人或一群人與另一人或另一群人之間的對待關係。在從前，丈夫對妻子有權威，一群貴族對一群平民有權威。如果這個地球上祇有一個人，即令他是希特勒，那末根本說不上有權威或無權威。天上的飛鳥不會對希特勒曲膝；地上的石頭也不會對他點頭的。

我們在上面說的權威是一種決定力量。這種決定力量決定一些什麼呢？我們在這裡需要說的有兩種：一種是決定行動；另一種是決定眞假是非對錯。前者例如軍隊底進退，或者那一個兒子該當皇帝，或者什麼妃子該陪葬種種等等。後者是學術知識方面的事。例如，究竟是地球繞太陽而行，還是太陽繞地球而行；女人底牙齒是否比男人少；人類能否到月球上去開旅館種種等等。前者與我們現在的論題不相干。我們現在所要論列的是後者。

既然我們現在所要論列的是後者，於是天然要逼出這個問題：權威是否能作決定眞假的標準？對於這個問題，我們可以說得更明白易懂一點：假設有這麼一個陳述語句「貓有七條性命」，我們要確定它底眞假，是靠老祖父底權威，還是靠生物學家底知識？

這一類底問題，如果要訴諸權威來解答的話，那末祇有在這幾種條件之下才可行：

1. 權威者底知識高於一切服從權威者。這種情形底意義展演出來應須是：凡有權威的人就是最有知識的人而且凡最有知識的人就是有權威的人。果眞如此，那末我輩無權小民有福了！免得我們傷腦筋，閉起眼睛「接受領導」可也！孔聖人所說「民可使由之，不可使知之」大概就是這種可羡慕的境界。不過，這種境界翻譯成現代語言就是「封鎖新聞」、「統制教育」、「讀政治大課」如此等等。這麼一來，不知這一偉大的遺教是否爲所有的現代子民欣然接受。復次，從這一意義推演，還有下列結論，即是，中國從前的「天子」被認爲就是既有權威又最有知識的人。那位以殺人爲樂的斯達林先生被歌頌爲既爲「偉大的政治天才」又是「偉大的哲學天才」，集一切「偉大」於一身，至於知識自然不在話下了。

2.權威者和服從權威者同樣無知。我覺得上帝對人類最大的懲罰就是把羅素和現在的剛果人都生在地球上。如果人類都很有知識，那末人類底現狀不是目前這種光景。如果人類都很無知識，那末人類底現狀也不是目前這種光景。最糟的事是有些人有知識，有些人無知識。尤糟的是無知識的人變成權威者，有知識的人受他們統治。非洲原野上的獅、虎、豹、象，似乎不懂愛智之學。但是，這種情形，似乎並沒有增加牠們底痛苦。如果人類底權威人物和服從權威的人物同樣無知，那末拿無知作知識的標準，等於拿「零」作知識底標準，依然還原到零。何害之有？當人底權威趨於無窮大而知識趨於無窮小時，他所加於服從者底災害一點也不大於當他底權威趨於無窮大而知識也高過服從者時。有事爲證：獅王、猴子領袖，所加於獅子和猴子的「統治災害」，至少就人底觀察力從旁觀察之所及來說，絲毫不大於「人王」們所製造出的對人之「統治災害」。一個獅王、猴王，不可能力敵萬獅萬猴。但是，一個「人王」卻可以大筆一揮，萬人授首！

我們永遠無法證明凡有權威者即是最有知識者而且最有知識者即是有權威者。既然如此，我們就可推斷，權威和知識之間沒有必然的聯繫。這也就是說，如果X有權力，那末X也許最有知識，也許非最有知識。既然如此，權威不是知識的保證。既然權威不是知識的保證，於是權威歸權威，知識歸知識。既然權威歸權威，知識歸知識，而像「貓有七條性命」這類語句眞假之確定祇能訴諸知識，於是應該把權威擱在一邊。我們要確定「貓有七條性命」這個語句之眞假，第一須辦的「手續」是請語意學家或哲學解析家來釐清「性命」一詞，看它有無「認知意義」（cognitive meaning），然後問經驗科學家貓底性命是否有七條。如果有，那末這個陳述語句便是眞的。如果沒有，那末這個陳述語句便是假的。至於它是否出諸老祖父之口，那就不在考慮之列了。

保有並且行使權威的動因有兩種：一種是特定的人身，例如，酋長、國王、法師、奇理斯馬（charisma）、「偉大的導師」等等。這一類是比較原始的社群裡產生的動因。在文明進步的民主邦國，難以出產這些奇怪的玩意。以邱吉爾這樣眞正的雄才大略，身經兩次世界大戰，拯救英國於危難，可是，戰爭一了，他還得下臺，沒有英國人帶著發現麒麟的眼睛，捧他為「偉大的導師」。另一種是機構，例如，國家、政府、總司令部、核子發展中心、華爾街、第一銀行、哈佛大學等等。這一種保有並行使權威的動因是比較後出的產品。民主國家是把第一種動因和第二種分開的。所以，總統儘管換來換去，政府所保有的以及能行使的權威不因人而異。總統一離開了政府機構，便連一個兵也命令不動。這樣看來，在現代民主國邦，機構底權威大於任何個人的權威。在極權國邦，個人底權威與機構底權威二者「合併」起來。這種形式是「職位使人成為神聖」；一旦失去職位，他可能成為階下囚。還有一種比古代帝王更奇妙也遠非前二者同類的形式，就是把個人權威與機構權威完全「等一」起來。在這種形式之下，固然「職位使人成為神聖」；但是，如果該職位所寄託於上的機構沒有這樣的個人，那末，像人失去靈魂一樣，馬上成為軀殼。

這三種形態的權威都是人間世常有的現象，但是，前一種不太有計劃地壟斷是非眞假對錯，所以我覺得比較可愛。後兩種形態的權威則極有計劃地壟斷是非眞假對錯，所以我覺得可惡。這兩種形態的權威雖然有時面容不同，而且鬧翻了的時候就打架，可是其好玩弄「眞理」則一。在事實上，凡屬這兩種權威所籠罩的地區，一切學術思想都變成這些權威服務的工具。第一件服務工作，也就是最重要的服務工作，是為這些權威之存在給予理由（rationalization），即是說它們如何如何合道理，為什麼該這樣那樣做。第二件工作就是積極地進行塑造治下子民的思想，使他們像動物園裡的動物一樣，永久馴服。總而言之，在這些權威之下，一切學術思想完全失去獨立發展的可能，祇變成權威建構材料底一個層面。因此，權威者對於學術思想的基本態度，和木匠之對待木材完全一樣：他們覺得，需要彎曲一下，就彎曲一下；需要長，就弄長；需要短，就鋸短。蘇俄底生物學，一忽兒有李森科路線，一忽兒有米邱林路線。這些「路線」之變化，並不以生物學的事實為依據，而是以政治變動為依據。在中世紀的歐洲，學術思想則須依照教會所提供的前提和規定的軌轍來發展。凡不合於這些軌轍的學術思想，一概在被絀之列。這都是訴諸權威之最顯明的例證。

作爲一種社會現象來看（註：我們在這裡所說的「社會現象」，嚴格地說，是「一種imputing existence in society」。）權威是從原始野蠻演到文明歷程裡的中間動因。愈是原始野蠻時代的社群權威的色彩愈濃。愈是文明進步的社會權威的色彩愈淡。在不久以前的中國社會裡，男性的家長簡直是那個家庭中的小暴君！中古時期是權威發展趨於爛熟的時期。可是，後來的宗教改革，智識革新，政治民主，這等等動因（agencies）開始挖掘權威堡壘底牆腳。從這一發展演變出來的西方世界，已成權威最少的世界。東方社會是權威深固的社會。權威是極權統治建構最重要的心理原料。極權統治之在東方崛起，並非偶然。因此，在這類地區，一切純粹的學術思想之遭窒息，殆爲無可避免的結果。

就人群生活來說，如果權威係一必要的話，那末它是一必要之惡（a necessary evil）。既如此，權威宜少不宜多。愈少愈好，所謂「學術權威」也不例外。在學術思想尚未發達的社會，或在學術思想建構完全圮毀的社會，一切失去標準，黑白不分，高下不明，學生常常比教授成熟。這樣的社會裡的所謂學術界，一定成爲既已佔據職位和長於投機取巧的人物爲達到學術以外的目標而利用的園地。針對這種情形，學術建構的標準以及與之密切相聯的由長期努力和眞實貢獻所建立起來的學術權威是有必要的。但是，過多的權威，又難免成爲桎梏學術思想進步的牢籠。怎樣在學術思想之「無政府狀態」和「極權統治」這兩個極端有害的情形之外，找出一個既能防制濫泛並且又不阻礙進步的有彈性的標準，這是一個重大的問題。

如果權威不被濫用，那末它底害處可以相對地減少。我們要防止權威濫用，必須確認兩個前提：第一、不承認有所謂「超越一切」並「包含一切」的（above all and embracing all）權威，第二、權威不可越軌。第一個前提的意思是說，我們不能承認有一個「全智全能的父上帝」式的權威。一個人不可能既懂天文又懂地理，既能通古又能博今，我們必須承認，時至今日，除了極少數像羅素這樣的人以外，一個人祇知道一點點兒。因此，一個物理學權威不一定同時又是經濟學權威。反之亦然。第二個前提底意思是，不同的權威各行其道。如果各有權威的話，那末不妨各行其是，各走各的。不要甲行業底權威跳到乙行業裡來。這樣可以減少車禍。依此，即令斯達林是一政治權威，他不該過問生物學上的是非，也不該自以爲很懂「哲學」，更不該「指示」文藝寫作的方向。如果是這樣的話，讓各行業自由發展，人間也許美麗得多。

在這個地球上，自安愚昧的人固然不少，而自作聰明的人更多。所以天下大亂！

(四) 訴諸巨棒

巨棒，是暴力的象徵。古往今來，暴力常被用作維護經不起盤問的「眞理」的法寶。暴力有兩種：一種是直接的；另一種是間接的，我們現在把這兩種大致分析一下：

1. 直接的暴力：直接的暴力，是暴力的原始起點。在人類尚未進入文明以前的暴力多屬此類。這種暴力是未經建構化的（uninstitutionalized）。未經建構化的暴力有二大特色：(1)在施行時，沒有能夠「說出一個道理來」。這也就是說，這種暴力在施行時，沒有「弔民伐罪」、「替天行道」等等口號幫忙。(2)沒有納入任何組織或機構之中。石器時代的暴力大概屬於這種。我想，石器時代沒有所謂「戰犯」。這都是後來的新發明。

2. 間接的暴力：間接的暴力是暴力之文明化（civilized）底結果。暴力既經文明化，就是已經建構化。已經建構化的暴力也有二大特色：(1)在施行時，因不同的「理由」而有不同的「說詞」。「弔民伐罪」、「替天行道」、「實行主義」等等算是一種；而在宗教迫害中的「代上帝消除異端者」也是很高的說詞。(2)已納入組織或機構之中。法國、古巴，赤道國底軍隊固然已納入組織或機構之中；而三K黨、少年阿飛黨、打手隊，也是有組織的。

現在有一個重要的問題：這兩種暴力對於人類社群生活尤其是其中的知識底發展有什麼不同的影響？直

接的暴力，如果沒有心理因素如恐嚇等攙合進去的話，是純物理的。在太古時代，拿純物理的力量對付人的，我們不難想像，它的結果不外乎：⑴作用範圍小；⑵時效也短。一個武士最多赤手搏擊十人。他把手放下，挨打的人就鬆一口氣，用不著世世代代稱臣納貢。已經建構的暴力則不然。已經建構的暴力是文明化了的結果。暴力一旦納入了組織，並且制度化了，就可以衍生出一種形態，並產生出一種服從的心理習慣。到了這一個地步，服從者所感受到的並非直接的暴力，而是建構暴力的那些說詞和制度。久而久之，暴力不直接作用於他，而他因未曾直接感受暴力之作用而視建構暴力的制度對他的各種壓力為當然。這就是暴力之「內化」。專制時代「君要臣死，臣不得不死」就是這類課目底傑作。近幾十年組織「革命隊伍」來「推翻專制」，就是不承認這一教訓，而要突破這些建構，直接把「帝制」後面的暴力取消。但是，這是一件不常有的大事。因為，建構化了的暴力，一旦到達「內化」而與「倫理道德」融合在一起，便為人們欣然接受時，祇要司職者拿得起一根細竹管，即可消滅一切反叛的人。例如，從前的皇帝對於異己動不動來一個「賜死」；現時的權力者則下條子「交付國法審判」或「人民法庭審判」就夠了。

這種建構化了的暴力裡有一個層面與我們現在的論旨有特別的相干，這個層面就是，當討論某一問題時，或論斷內容底眞或假時，有些特定的人身或其言論不能觸及；如果觸及，祇能恭維奉承讚揚，而不能認眞批評，不能說他底言論有誤，在歐洲中古時代，教義經典是絕對不能批評的。在今世不少地區，如果有些問題得不到解決時，如果有人搬出「列寧說」、「偉大的導師說」，那大家祇有鴉雀無聲，甚至「熱烈擁護」，絲毫不能表示異議。這是什麼原因呢？所謂「列寧說」、「偉大的導師說」不過是一堆一堆的字。這一堆一堆的字，與你我他所放出的一堆一堆的字並無不同之處。但是，那類人物所說的一堆一堆的字具有符咒作用。那些字一旦被用作神諭，納入建構權力之中，便被賦予不可冒犯性。誰去冒犯，誰就會受到懲罰。在這些言論被用作神諭之初，通常總是有些好談理論的人要去批評。結果這些人果眞受到各種各樣的懲罰。積威所至，形成心理慣性，以後的人就不敢批評了。甚至時間一久，大家視之爲當然，更不會動批評的腦筋。所以，在討論問題時，祇要搬出「什麼人說」，問題就算解決了。在事實上，祖宗遺訓、教條、主義等等，都是常靠這種辦法維持的。這種辦法，對於「心智」的發展，對於明辨「是非」，有什麼影響呢？它使人固蔽、偏執、獨斷、心理扭歪。它使人在一起步作思考時，就要向權威看齊，而罔顧經驗事實和邏輯推論。所以，在這種辦法底作用之下，「心智」得不到充分自由的發展，而且永遠不能明辨是非。

我們在這裡所說的「無顏色的思想」（colorless thinking）意即免於（free from）上述有顏色的思想模式和內容的思想，即是「認知的思想」（cognitive thinking）；或者，更清楚地說，是「純認知的思想」（pure cognitive thinking）。現代物理科學大部分是純認知的思想底結晶，因而也就是它底代表。行爲科學也跟著它前進。

五

我們說到這裡，稍有思索能力的讀者也許不免發生下列的問題：你在這篇文章裡是否對「有顏色的思想」、「無顏色的思想」作截然的二分？這兩者在實際上的發展是否截然二分？在所謂「無顏色的思想」裡是否實際上一點顏色也沒有？

對於這些問題，我們的答覆是：

否！

這些問題之被引起，主要地歸因於語言。在「有顏色的思想」和「無顏色的思想」中有「有」和「無」二個字底對立。這二個字的對立，很容易暗示著「有顏色的思想」和「無顏色的思想」之截然二分。如果一個人這樣遣詞時他眞的因這些字底暗示力而未自覺地也這麼想，那末他將不愧爲文字的奴隸。雖然，當今之世文字的奴隸底數目很是茂盛，而文字的奴隸底奴隸之數目尤其茂盛；可是，相當的語意學的訓練可以使我們盡可能地避免作文字底奴隸。我們在前面之所以用「有顏色的思想」和「無顏色的思想」這種設詞，主要地有二種理由：㈠我們從思想模式和內容底許多差別中挑出容易令人注目的兩種差異。我們這樣做，主要地是爲了敘述或解析的方便。㈡這樣設詞所要表示的是人類思想發展一個重要程序或歷程。因此，我們這樣設詞，既不表示思想有而且祇有「有」和「無」顏色這二個可能，又不表示在「無顏色的思想」裡實際上一點或不曾有過「有顏色的思想」。在實際上，經驗科學底發展，在一開頭是有顏色的，到後來才慢慢褪色，以至於顏色愈來愈少。我們可以假設一切經驗科學發展底趨向是從有顏色到無顏色爲其極限（approach zero-color as its limit）。但是，我們沒有任何根據再往前面推移一步說，一切經驗科學底顏色將「等於零」。物理科學（註：物理科學並不講「物」）是一切經驗科學中顏色最少的科學。但是，我們沒有把握說，物理科學已經或將會一點顏色也沒有。然而，即此「最少顏色」的科學已經很有示範作用和啓發作用。它告訴我們科學如果要逼近眞知識時必須走的方向。這種看法，至少在消極方面，還有一項幫助：我們可以承認，從理論建構的觀點看，即使是最嚴格的經驗科學也不能完全免於牛津解析哲學家所說的若干低度元學假設。然而，這與一些糊塗蟲說要從什麼形上學的「觀點」出發來「觀照」科學，根本是兩件事。例如「人文主義的經濟學」、「唯心主義的物理學」、「唯物史觀的歷史」等等。這些東西都是有濃厚顏色的。從有濃厚顏色的「觀點」出發，所得結果邏輯地不能不是有濃厚顏色的。這還談什麼「客觀的知識」？我們現在提出「從有顏色到無顏色」的這一看法，就有廓清這些烏煙瘴氣的作用。

六

有顏色的思想以祖宗遺訓、傳統、宗教、意底牢結等爲基準，無顏色的思想以什麼爲基準？無顏色的思想底基準祇有一條。這一條早在紀元前三百多年以前就被亞里士多德提出。這一條是一切經驗科學共同的要求。凡不合於它的心靈活動，永遠沒有成爲科學之可能。我們現在把它徵引在下面：

To say of what is that it is not, or of what is not that it is, is false, while to say of what is that is, or of what is not that is not, is true.

這就是說：把不是什麼說成是什麼，或把是什麼說成不是什麼，便是假的；可是，把是什麼說成是什麼，把不是什麼說成不是什麼，便是眞的。

也許有人認爲這一條是很容易辦得到的。如果有人眞的這樣想，那末是把事情看得太容易了。有不少喜歡吹氣泡的人說「中國有五千年的歷史文化」。（我不知道這話的根據何在。）可是，有這麼「悠久」歷史文化的民族，這一課還壓根兒不曾上一次。（史官「眞言」不是從這一條出發的。）文明古國巴比倫也不知道這一課。推廣地說，凡因倫教和宗教掩蓋一切以致「圖象意義」、「情緒意義」及「方範意義」發達而壓縮了「認知意義」的地區，都不了解更不能充分運用這一基準。在我們這個地球上別的星球上的事我們現在還不知道的人類，自古至今，能了解並且充分運用這一基準的，甚至願意了解並且充分運用這一基準的，有而且祇有最少數人在他們較多時間之內。這種人就是嚴格的科學家。

何以致此呢？

原因（causes）及理由（reasons）都是非常複雜的。它們複雜的程度，恐怕需要電腦才算得清楚。我們現在祇能簡略而又簡略地在其犖犖大者之中提少許幾點出來說說。作者這樣做，眞正的目標，是想就這個問題對大家提供一個思索的門徑。至於詳細的解析，一定需要訴諸社會學、民俗學、社會人類學、歷史，以及心理學等科底專家。

首先，我們必須明瞭，許許多多社群裡的風俗、習慣、思想方式、意底牢結種種等等，從根本上使得這些社群裡的分子一聽到「什麼就是什麼」這句話有時就厭煩，甚至心頭火起，比如說，「父親荒唐就是荒唐」。舊式的中國人一聽到這句話便不由自主地心裡發生抗力，來一個「礙難承認」。因爲，從小的教育使他認爲這樣說即是「大逆不道」。這在舊式中國人幾乎已成反射習慣。這類反射習慣，被叫做「良知」，或是「先驗理性」。但是，很奇怪的是，在這個星球上，尚有許多一點也不比中國人不文明的人，他們有許多「良知」和「先驗理性」與中國人底大不相同。無論是好是壞，遭倫範蒙蔽的社群，這一條不顯現；因此也就無法透露出科學的，尤其是純理論科學。

也許有人說，傳統的中國人講究「誠意」，怎麼能說不尊重事實，不認爲「什麼就是什麼」？

這種想法底基本錯誤，在把「誠」（veracity）與「眞」（truth）混爲一談。這眞是一字之差，差之毫釐，謬以千里！所謂的誠，充其量祇是存心準備接受眞的信念之一種態度。但是，我們不難知道，如果沒有這種準備的態度，我們可能得不到眞理；然而，如果我們祇有這種準備的態度，而致知的技能沒有具備時，即令準備到宇宙的末日，我們還是得不到眞理的。如果不是這樣，那末中國那些窮年講「正心誠意」的道學夫子應該很懂科學了，可是，中國人在傳統中很少有眞正的科學。由此可見僅僅是「誠」還是「誠」不出「眞」的。這是兩回事，溝通不了的。如果溝通得了，那末好了，講道德說仁義的夫子們就可包辦一切了，從「正心誠意」就可通向科學了。愛因斯坦應該把「大學中庸」列爲必修科了。其實，如果失去了「眞」，或是壓根兒沒有「眞」作基礎時，講道德說仁義也是閉起眼睛瞎談一陣的。這個樣子講道德說仁義，越講越空，與經驗世界碰不著頭，因此沒有實踐性，於是就流爲虛偽，到了最後連虛偽也煙消雲散，原始的野性就暴露出來了。清末以來的中國，就是這一結局之寫照。

我看不出空虛矯飾的倫範教條塞在心裡，較比任何其他意欲塞在心裡，使人更接近「眞理」。這二類東西底內容也許各不相同，但是其封鎖人底認知活動，以致造成一大堆一大堆的「事實盲」則完全一樣。在第二次世界大戰期間，納粹軍隊侵佔了捷克。當時希勒特派駐捷克波希米亞（Bohemia）和摩熱菲亞（Moravia）兩省的總督是赫德希（Reinhard Heydrich）將軍。這位將軍在捷克日以殺人爲樂。他保持過屠殺猶太人三百萬的光榮紀錄。捷克人民在這位魔王鎭懾之下，全國慴伏，無人敢攖其鋒。赫德希底住宅警衛森嚴。他坐汽車來往市郊時，常常以一百英哩的速度急駛。一九四二年五月二十七日捷克愛國志士居然一舉把他刺殺在公路上。當他被刺倒地的時候，警察慌慌張張用電話告知納粹總部的高級官員。可是，總部底那位高級官員在聆聽這一消息之餘，所發出的怒吼聲音幾乎使那位警察震耳欲聾。該位官員回答說：「胡說八道！沒有人敢！」警察因這位納粹軍官底暴怒而感到有點害怕，重複地說：「長宮，確實是的。此刻他躺在保羅夫醫院（Bulov Hospital）。我想，他是背部受傷的。他手裡握著一個東西，那似乎是重要的公文提包。」這位納粹軍官聽到這個消息後完全狂怒，侮辱警察，咒罵警察。顯然得很，這個消息是他心靈深處所不願意接受的，所以他不能信以爲眞。在人間，這類的事眞是太多了！古往今來，在我們大家面前，許許多多眼睜睜很難實現的事，像馬上自製火箭等等，如果照實說出便會受到類似的痛罵，可不也是基於同樣的心理？由此可見要說「什麼就是什麼」並不如想像之容易。

且把我們底認知能力給我們底限制撇開不談，僅僅是風俗、習慣、禁忌、避諱、崇敬、侮辱、希望、失望、歡樂、悲觀、自高、自卑、自我中心，得自各種文化的各種特殊染色如此等等，祇要滲進一點到認知作用裡，便足以攪亂了認知作用，或使認知作用有了不同的著色。這麼一來，我們就不可能作「什麼就是什麼」式的陳述了。

七

我們在前面說過，科學並非自古以來一開頭就是無顏色的，而且，即使時至今日，並非所有的科學都已經達到完全無顏色的境地。現代科學與非科學之間的重要分別，在於一開步走時科學家在意願上就趨向於擺脫顏色之泥糊。所以，它能逐漸成為「客觀的知識」（intersubjective knowledge）。而從特殊的文化來看人生、社會、世界，這就是有意或無意拿有色的鏡子來從事「了解」。這麼一來，自然不可能接近「客觀的知識」。如果在這類的「了解」之上，再套上一層「民族哲學」，或「文化哲學」，或「歷史哲學」種種等等，那就是在顏色之上再塗抹一層顏色。這種種等等著色工作可以算是一種娛樂。當然，這種娛樂可以滿足一部分人的需要。既然如此，它當然有「存在的價值」。呼拉圈既可向人推銷，這類哲學娛樂當然無不可推銷之理。不過，如果說這類娛樂可以救人救世，那一定會引起許多不雅觀的情形。

除此以外，科學知識之建立最關重要的一點，就是不訴諸前面所說的祖宗遺教、傳統、宗教、意底牢結等等。它祇訴諸經驗與邏輯。對於經驗，祇有藉實驗與觀察來處理。陳述經驗的語句之間的關係型組祇有靠邏輯。這麼一來，我們才可把一切「不相干的因素」之干擾撇開，而接近「客觀的知識」。接近於「客觀」的「知識」才有「客觀的效準」。具有「客觀的效準」的東西才能希望為大家普遍地接受。科學就是這麼一種知識。

從一部人類文明底演進史來看，人類逐漸擺脫祖訓、權威和各種各色神話之干擾，而讓純認知作用從心理迷霧中透露和洗煉出來，從有顏色的思想逼近無顏色的思想，因而建構了科學知識，這是經歷了無數的辛勤和努力才獲致的成就。如果我們要說「文明」的話，這才是一點眞正文明的結晶。其他困守祖訓、權威和各種各色神話的說詞與行動，都是半野蠻半落後的徵象，以及無望的掙扎。

關於倫範，我們今日正須有一客觀效準的建構。然而，人類底大不幸是，愈須有客觀效準的事情反而愈不易得到。在這種情形之下，於是舊的權威企圖死灰復燃，新的煽動橫流天下。無論是前者還是後者，一概都是清明而又無顏色的思想之敵害。舊的權威已經僵死，新的煽動更加造亂。二者都不能解決倫範和價值問題。我們要能解決倫範和價值問題，必須本著清明而又無顏色的思想，依據經驗事實，建立道德的科學（moral science）。

第十二章　成見與進步

成見，幾乎是人人都有的東西。任何稍有理知的人都不敢拍拍胸說：「我毫無成見！」如果他眞的這樣說，那末十足表示他有成見：他一方面擺拍拍胸的姿態，同時又說這樣過分肯定的話，這該有多少成見在支持他！不過，在旁人看來，他很可憐，他有成見而未自覺。可想像地，除了初生的嬰兒以外，每一個人都有成見。這是不成問題的。成問題的，祇是各人底成見之來源，種類，裝飾之優劣，顯露或不顯露，程度之多少，成見發作時強烈或不強烈。尤其成問題的是，成見是否可用論辯的方式予以減少。作者在這裡所說的祇是把成見予以「減少」，可並沒有說把成見「完全消滅」。因爲，照作者看來，這是人所辦不到的事。何況，如果我們把成見減少到不礙事的程度，讓各人像保留古玩似地保留一點，豈不可以使這苦澀的人生增加一點樂趣？

成見和我們這樣形影不離，我們可不容易說清楚它是什麼。這並不稀奇。在這個世界裡頭，與我們底關係最密切的東西，或者我們最喜歡的東西，而我們說不清楚的，眞是太多了！遙遠的星星爲什麼發亮，物理科學家可以說得清楚。但是，人爲什麼不知道他那一天會壽終正寢，人爲什麼怕癢怕痛，……你說得出一個所以然來嗎？成見也是這樣的。不過，人也眞是一種怪物，往往越是不容易說清楚的東西，他越想說清楚。於是而有所謂「哲學」，於是而有所謂「科學」。我們在這裡想盡力之所及，來說說成見是什麼。

成見底意義似乎不只一種。這個名詞底正式意義是「先斷」（prejudgement）。所謂「先斷」，即是那些「成竹在胸」的英雄豪傑、超人聖哲、思想導師們，對於旁人所提出的看法或成見，祇要稍微嗅出它與自己底旨義不合，「路線」不同，或非出自吾門，或不是「一個學派」，或不合「吾之道統」，即不待對方提出論據，不等聽完理由，立刻「予以申斥」。這種情形，就是「先斷」。普遍地說，論斷在論據提出之先就已經作出，這種動作叫做「先斷」。這樣的「先斷」，頗能予人以快感。從前清朝縣宮大老爺捉來「白面書生」，有時不由分辯，已先認定他犯了亂倫大罪，先打屁股五十大板殺威再說。這多麼顯出「民之父母」的正義之怒，又是多麼舒暢的事！

我們不要以爲祇有一般人懷抱成見，科學家也在所難免。這類事例，眞是「史不絕書」。成見是人底缺點，科學家是人，所以科學家也未能免於這種缺點。從科學史的眼光看去，科學上的偉大發現常常與一般科學家所習見習聞者不同。在一時一地，我們很少察覺我們對於某些事物的見解之錯誤，或是知識之錮陋。當然，人滿足於自己之所見所聞可以增加一些快樂。這是很合於心理衛生之道的。不過，保持這樣的快樂，似乎祇有兩條途徑可循：第一是回到中古去，第二是建立起心理的鐵幕。不然，我們所得到的恐怕祇有空虛和幻滅。一部科學史告訴我們，在從前，我們常常根本沒有發現今天所發現的若干問題，或者壓根兒沒有感到這些問題之存在，或者對於某些問題我們已有根深蒂固的看法，而這些看法蒙蔽著我們對於某些問題的眞正了解。我們要發現新觀念或者接受新觀念來代替舊觀念時，首先必須把這些觀念除掉。但是，這話說來容易做來難。我們常常可以看到，要許多人改棄一個錯誤的觀念，比休妻還難。有一次作者聽到一位熟人底一個德文音發錯了，免費代他糾正。他不接受。作者搬出最標準的德文字典查給他看。他硬說是字典印錯了。這種勇氣，頗令人吃驚。我想，在人間各種不同的角落裡。這樣固執得可愛的朋友一定不在少數。我說這樣的人「固執」，並不帶有輕蔑的意味。人類社會各種制度的穩定和維持，不是正虧得有這類人物存在？有種以「變」爲死敵的哲學家，其中最顯著的人物例如柏拉圖（Plato），皓首窮究天人之理，正是爲這類人物建立「哲學的基礎」哩！

白特菲教授（Professor H. Buttefield）指出，我們最困難的心靈工作是把習見習聞而且已作安排的基本材料重新加以編排，從不同的層面或角度加以觀察；而且，在從事這類工作時，不受流行的和有勢力的觀念之滲透和支配。這類工作，不是庸人的工作。它是像伽利略（G. Galileo）這類偉大的先鋒人物所要努力跳越的欄杆。時至今日，像行星繞日而轉這類事實，即令是小學學生也不難了解；可是，在十六世紀以前，要把這一點想通，需要像伽利略這樣偉大的天才在知識上作非常勇敢的努力才行。因為，當時的科學家們底思想老早被亞里士多德式的意念所牢牢禁錮住了。

發現鐵絲網易，發現思想網難；衝破鐵絲網易，衝破思想網難。

我們底血液是在我們周身循環。這一事實，現在幾乎是「婦孺皆知」的常識了。可是，在哈維（William Harvey, 1578-1657）以前不是這樣的。這點常識之確認，是經過哈維作特殊努力的。在哈維以前，人們認為血液在我們身體內活動的光景像潮水在海上一漲一落。這是多麼容易令人接受的美麗比擬！復次，當時的人以為我們底身體裡有兩種血液，並且，血液能夠從心臟底一邊流過另一邊。但是哈維不同意這種說法。為什麼呢？因為，他發現事實並非如此。他發現我們底血液是由動脈流進靜脈，然後再回到心臟：不是像潮汐似的一漲一落。這一點點事實，用當時流行的見解說明不了。哈維為這個問題研究許多年，他解剖過的動物不下八十種，其中有蛇、蚌、昆蟲等等。他要建立今天婦孺皆知的血液循環說。可是，要建立這一理論，最大的困難是我們不能直接看到動脈終點和靜脈之間的聯繫；此外，他還得假定有毛細管存在。毛細管這種東西的確是存在，但是直到後來才被發現。哈維本人不能證實血液循環，所以祇能把這一想法當作一項推論。他需要一點勇氣來宣稱他所量的從心臟裡吸出的血液有多少。哈維自己寫道：「談到從心臟裡流出的血有多少，血從何處發源，這是稀奇的事，也是前所未聞的事。談到這宗事，我不僅唯恐獲罪少數人士，而且我深恐引起全體人類作我之敵，以致驚世駭俗。……」哈維底恐懼並非無故。因為他受到嘲笑和侮辱。直到經過二十年的苦鬥以後，血液循環說才得到普遍的承認。

現在，如果有醫生說小孩們該種牛痘，大概沒有正常的父母會反對的。但是，現在受牛痘之惠的小孩和父母卻很少知道科學的種痘法之發明人堅納爾（Edward Jennre, 1749-1823）所受到的挫折。堅納爾在十幾歲當練習生的時候，就已經注意到由君士坦丁堡傳來的土法種痘之事。他回到故鄉以後就著手祕密從事疫苗試驗。他為什麼要祕密從事呢？因為，他怕失敗為人恥笑。到三十八歲他才結婚。當他太太生下第一個小孩以後，他就用自己底小孩作試種對象，結果證明可以免疫。但是，當時還是沒有人對他這種工作感到興趣，連他底朋友約翰．亨特（John Hunter）也是如此。他所寫的與此有關的第一篇論文也遭編輯退回。

格倫（Galen, 129-200）解剖學上的重大貢獻，使他成為希波克拉底（Hippocrates, 420 B. C.）以後解剖學的權威，其後的學人把他底著作視為圭臬。可是，斐賽利斯（Andreas Vesalius, 1515-1564）提出，他早期在解剖學上的發現，與格倫所描述的不同。這種情形，使得他幾乎不能相信他自己底眼睛。面對此情此境，一般人更不相信他們自己的眼睛。他們毋寧相信他們用來作解剖題材的對象有毛病；或者相信自己底解剖手術有錯誤。

四十多年來，胡適先生提倡「拿證據來」！這是改造中國人底思想方式之最簡截而扼要的辦法。但是，如果我們以為經此提倡，中國人就願意「拿證據來」，那末便是大錯而特錯。我們不難知道，有許多人底話是經不起事實對照的。因此，他們不願「拿證據來」，更不願別人「拿證據來」。如果我們以為「拿證據來」就會使人信服，那末更是錯誤之尤。那以為人在證據面前不得不低頭的想法，祇是建立在樂觀情緒之上而沒有證據的想法。自古至今，許許多多的人，甚至把證據吊在他們底鼻子上，他們都不相信！當著人不堪面對事實但又無法消滅這一事實時，他是要迴避這一事實的，原始人把事實編入神話裡去，半原始人把事實嵌進玄學體系中去。現代人則學著就事實來看事實。這便是科學。

我們不難察覺，幾乎在一切事情上，大多數人有一種強烈的心理趨向，即是往往易於依照自己個人特有的經驗、知識、立場和成見來判斷，而不太依照呈現在面前的證據來判斷。因此，一種新的觀念起來，一般人總是依照自己在不經意之間所接受的觀念來判斷，或者是依照一時流行的信仰來判斷。如果這一新的觀念與自己的先入之見格格不入，或者與流行之見不相容，或者與具支配地位的說法違背，而且不能嵌入既成的知識系統裡去，那麼便很難得被一般人所接受。當著科學上的新發現提前出現，超出當時知識界所能接受的水準時，那末這類發現往往不是被人忽視，就是遭人反對。所以，在許多情形之下，科學裡的新發現往往「胎死腹中」，不待出頭，即遭時代的成見所淹滅。瑪洛利（Marlory）把超時代的科學貢獻比作戰場中突出的戰壕。這個戰壕可能佔領一個位置。可是，如果主要的部隊掉在後面太遠，以致無法支援的話，那末這一突出的部分就會失陷，而祇有等待日後才能恢復。早在一八八六年麥克曼（Mac Munn）即已發現cytochrome之存在。但是，他底這一發現根本不爲當時所注意。直到三十八年之後，這樣東西才被凱林（Keilin）再發現。現在，有些心理學家所做的有關界外知覺（extrasensory perception）和預識（precognition）的實驗可以說是超時代的發現。這些心理學家所提出的證據顯然是無可否認的。雖然如此，最大多數的科學家還是不願意接受他們底結論。之所以如此，係因這些結論與現有的物理學知識不合。

如果時機成熟，某項發現或理論合於流行的觀念，或者在現有的知識中找到支持，那末便易於爲人所接受。這種情形，正如狄多勒（Tyndall）所說：「在任何偉大的科學原理被人所特別重視以前，它老早存於一般研究科學者底心目之中。在這種時際，知識已經到達一個高原。而我們底發現就像在高原之上的高峰，比當時思想底一般水準高出一點。」所以，「水到渠成」，它容易被人接受。否則，祇有碰壁。早在一八四五年華特遜（J. J. Waterson）就寫過一篇文章。這篇文章所說的是有關氣體分子的理論。他底這一理論之建立，在朱爾（Joule）、克勞西斯（Clausius）和瑪克斯威爾（Clerk Maxwell）底研究以前。他把這篇作品給英國皇家學社底公斷人去看。這位公斷人在看完這篇寫著新奇理論的作品之後說道：「這篇文章簡直是胡說八道。」於是，華特遜底理論如石沉大海，湮沒無聞。一直等到四十五年之後才被人發掘出來。可是，華特遜本人則莫知所終！

從知識社會學（sociology of knowledge）底觀點看來，在一般情形之下，祇有社會結構和該一社會底知識發展到接得上頭的時候，新觀念、新發現和新技術才能比較少有阻礙地被普遍接受。否則，不是被普遍地排斥，便是被忽視，以致失之交臂。紀元後第二世紀亞力山大英雄（Hero of Alexandria）即已發明了蒸氣機。但是，這項發明在當時並無意義，所以沒有人接著發展。到了十九世紀，海外貿易擴張，大量生產開始，蒸氣機才被廣泛應用。達爾文底演化論之所以能夠流行，係因它被刊佈問世時，正當工業革命（Industrial Revolution）推行，生存競爭日益顯著，一般人感到達爾文底學說合於這種情形，所以是「眞理」。其實，從凱撒時代的流克西烏斯（Lucretius）起到十八世紀的蒲封（Buffon）和拉馬克（Lamark）都有演化論的思想。可是，當時生存競爭的情形不像十九世紀那樣顯著，所以他們底這種思想未被人注意。相對論的思想如果在中世紀出現一定沒有太多的人接受。可是，在封建社會消失和宗教統一局面破滅的現在，則大爲流行。

我們一般人有一種心理趨向，就是對於來自外界的新觀念常起抗拒作用。這種心理情形，與一般人之抗拒過於激劇的社會改革或過於新奇的服飾正同。中國從清朝末年到民國初年這一段時間內與外洋接觸所產生的心理變化和社會變化正可爲此作寫照。四五十年前，中國男女談「自由戀愛」，嚴重地受到一般父母之阻撓，弄到家庭慘變時起。幾十年前女子穿新式服裝，老一輩的人視爲「奇裝異服，傷風敗俗」，嚴加禁止。因此而家庭不和的事時有所聞。但是，現在，大家認爲自由戀愛是應享的權利：女子所著的服飾，大家也覺得滿好看。這樣前後一比較，從前老一輩的人之阻撓青年人之戀愛自由和服飾自由，何理由之有？從前年輕人之爲爭取戀愛自由而弄得傷心流淚，忍受痛苦，豈是絕對必要的？這不過是爲老一輩的人之牢不可破的成見付出代價而已。

人，就有這麼愚蠢。

安知夫後之視今，不猶今之視昔？

之所以如此，重要原因之一，是群體心理所致。這種心理係由部落生活方式演變而來。它對群體以外的觀念和事物具有強烈的阻拒作用；對群體以內的分子之觀念模式和行爲模式具有極大的塑造力和凝固作用。清末義和團之仇洋運動，是從這種心理得到力量的。

當著這種心理潛伏在一個社群底大多數分子底潛意識裡時，這個社群便常易被一種觀念或信仰所籠罩。這種情形，我們可以叫做「心理佔領」。在「心理佔領」之下的個人是缺乏獨立性和自主性的。這與在「軍事佔領」之下正同。所以，現代化的征服和統治，常係「心理佔領」和「軍事佔領」雙管齊下。「心理佔領」幾乎是和空氣充滿空間一樣：你時時刻刻在其中呼吸著，但是你卻又不容易察覺它之存在。祇有卓越的思想家才能敏銳地透視其原形。最糟的一種情形是：當一個社群被「心理佔領」之際，大多數分子接受某一觀念或某一信仰的方式是，不訴諸論證、經驗、事實，而是訴諸「人際的互相支持」。這種接受的方式也就是：任何一種說法由甲說出，傳給乙，乙傳給丙，……這種說法一經傳開了，於是大家信以爲眞，當著一種觀念或信仰被大家信以爲眞時，如果你問大家之中的任何一人「你怎麼知道的」，他會答道：「大家都是怎麼說的。」在這種情形之下，支持這一觀念或信仰的，是信仰之者彼此間人身的相互引證。這種情形的簡化公式是：a之所以相信s爲眞，係因b相信它；而b之所以相信s爲眞，係因a相信它。這種情形，頗像一隊人站個圓圈，忙著把一隻皮球互相拋來拋去似的。以這種方式來拋皮球頗可有益於健康，但以這種方式來接受一個觀念或信仰則頗有害於眞知。因爲，以這種方式來接受一個觀念或信仰，主要地係靠人嘴來支持，而不問與論證、經驗、事實是否相合。這麼一來，一個極無根據的荒謬觀念或信仰可因「眾口鬨抬」而被當作「眞理」。在這種情形之下製造出來的所謂「眞理」，祇是「眞理的贋品」而已。但是，「眞理的贋品」歷時稍久，「深入人心」，沉澱到人底潛意識裡，就凝固而爲成見了。

成見這種東西，像臺灣各雞場養的雞一樣，品種繁多。有屬於個人的成見，有群體的成見；有傳統的成見，有地域的成見；有未經建構化的成見（uninstitutionalized prejudice），有已經建構化的成見（institutionalized prejudice）。未經建構化的成見是赤裸的成見。已經建構化的成見是文飾的成見。

個人的成見是一個特殊的個人所具有而不爲社會其他一般人所共同享有的一種成見。因爲它祇爲某一個人所特有，於是構成他底特點比較容易被別人嗅出。這種成見，有時是被社會批評打擊的對象。但是，它並非在一切情形之下爲被社會批評打擊的對象。一個人特有的成見究竟爲社會批評打擊的對象或爲歌頌的對象，多少與這個人所在的機會、成就和地位有關聯。比如說，同是不喜歡穿洋裝，你如果是一個普通而又並非富有的人，別人也許覺得這是因爲你底「酸葡萄主義」作怪——穿不起洋裝，所以說不喜歡穿；如果你是一位國學大師而又以富有出名，那末別人也許覺得你之所以不穿洋裝，係爲「保存國粹」。如果你底命運再好一點，可巧是大清帝國底皇帝，那末你之不穿洋裝，更會成爲被徐桐大學士等人大書而特書的美談，並且準會「群起效尤」，發起組織「拒穿洋服社」。

群體的成見，與地域常不可分，而且往往得到傳統力量的支持。這裡所說的群體，可指部落，可指民族，也可指國邦。這些單位底成見經常或粗或精的建構化。

一個群體底成見，就這個群體底內部而言，當這一群體尚未趨於崩解或到達團結的高潮的時候，常呈現相當強度的同調性（unanimity）。這種同調性，和軍樂隊之走齊步、奏軍樂所表現的相似。在這種情形之下，這一群體中如果有一個分子不分享此一群體底成見，以及與此成見伴隨而起的情緒，那末他立刻陷入孤立之境，並有被此群體開除（excommunicate）的危險。愈是原始社會，這種情形表現得愈顯著。開放的社會（open society）之所以爲開放的社會，最主要的特徵在對於這種異調者之寬容。

就較多數的人而言，尤其是就具有農業社會的觀念形態的多數人而言，傳統對於他們底中樞神經活動具有較大的支配力。「祖宗意象」極易潛入傳統之中。一旦「祖宗意象」潛入傳統之中，那末傳統對於這類分子的支配力尤大。「祖宗意象」與傳統化合，成爲「祖訓」。「祖訓」是「源遠流長」的。「源遠流長」的「祖訓」就產生權威。這種權威，類似父親對兒子的權威。在父親的權威之前，兒子祇有服從的份兒。所以，在這種社群裡，後人之批評祖宗底言行，被看作是「忤逆」，「忤逆」是會遭到嚴格禁止的。（未知這條道理是否適用於張獻忠、李自成等等人物底後人，待考。）就這樣，得到傳統支持的成見，便成爲幾乎具有牢不可破的支配社群風俗習慣的觀念力量。

一個販夫走卒底成見，多半是未經建構化的赤裸成見。這樣的成見沒有什麼文飾，因此一望而知。所以，販夫走卒底成見常不能「垂教萬世」。可是，經過建構化的成見不是這樣的。你碰到建構化的成見，就沒有這麼輕鬆。如果你碰到建構化的成見而能一眼看透這是成見，那末你就頗具慧眼。因爲，建構化的成見是文化的產物。文化底程度有多高，這種成見也可能有多高。這種成見，像居在深宮裡發號施令的君王一樣，穿上文明人之文明的外衣與君相見。於是，你所碰見的，也許是哲學家，也許是大文豪，也許是大法師。你不一定看得出隱藏在他們身後的成見的太上皇。這個太上皇其實一點也不稀奇。他可能是一個時代底產物，可能是一個環境裡的產物，可能是一個社群底產物。柏拉圖底共和國眞是文采燦然，但它卻充分流露出知識貴族對於平民的偏見。共和國裡的「哲學王」如今變成極權國底大獨裁者。共和國的理想成爲極權統治底藍圖。德國與法國不和久矣。德國在十八世紀生了一位出色的大哲學家斐希特（Fichte）。他用哲學的辭令寫出德國人對於法國人的成見：他說德國是「自我」，法國是「非自我」。不少人碰見這類名詞頗感莫測高深。我看希特勒倒是斐希特哲學底偉大實踐家。

常人多有成見，大人物多有大成見。

成見對人這樣具支配力，眞不是偶然的。人從成見那裡，得到舒適、快意、驕傲、方便、充實和安全感。如果這個地球有而且衹有「我」孤家寡人一個，那末成見的確是「我」最夠受用的「精神食糧」。可惜，這個世界底人越來越多，而各人底成見又不見得是乳水交融的。這麼一來，成見就不能像紅色救火車一樣地橫衝直闖了。

成見又像一個自以爲是的小孩子。他厭惡冷酷的邏輯。他不願意面對鐵硬的事實。他衹知負氣。他對是非不負任何責任。自古至今，成見阻礙著知識的進步，也是人間禍亂的一個根源。我們怎麼可以再聽任這位驕傲慣了的小少爺指揮？

今後人類要想和平、安樂、繁榮、開明，這位驕傲慣了的小少爺是需要受點約束了。我們要防止他撒野。怎樣防止呢？我們在這裡訂出幾條簡明的辦法：

㈠如果在討論問題時，某甲不待別人說完，就滿口「我」、「我」、「我」的，那末準是成見的小少爺在他心裡撒野。在這種時分，我們盼望這位「我」「我」「我」先生明鏡高懸：這個地球上現有二十幾萬萬人口，如果每一個口都「我」「我」起來，那怎麼得了呢？眞理是相對的，沒有任何一個「我」能夠一網打盡所有的眞理。自己少「我」一點，讓大家多一點表示知識的機會，那末，人間的眞理不是可以多增進一些嗎？讓我們爲你祝福！

㈡動不動訴諸情感而不訴諸理知，那可能就是成見在作怪。在這種時候，他得趕快按捺住情感，訴諸理知。

㈢動不動訴諸權威，以權威自居，或引用權勢言論，那可能就是成見在作怪。在這個時候，我們應該趕快鎭靜心神，不爲權威所懾服：衹問是非，不問權威。

㈣動不動引用傳統，那可能就是成見在作怪。在這個時候，我們應該趕快運用獨立的思想能力：不問是否合於傳統，祇問是否合於事實。

㈤動不動拿多數或群體來壓人，那可能就是成見在作怪。在這個時候，我們趣快運用自主的思想能力，不讓眾人之見擾亂了我們底判斷：一個在思想上有把握的人，祇問對錯，不問是否迎合眾意。群眾常常是盲目的。

我們守住以上五大約法，就不難得到免於成見之自由。享有這個自由的人，才會有進步，才可能在這種紛亂的世界挺立起來。

Note

Note

國家圖書館出版品預行編目資料

怎樣判別是非／殷海光著．－－初版．－－
臺北市：五南圖書出版股份有限公司，
2023.01
面；　公分
ISBN 978-626-317-767-3（平裝）

1.邏輯　2.文集

150.7　　　　　　111004858

1C1C 殷海光精選輯系列

怎樣判別是非
在紛亂的世界還是有恆定不變的價值存在～

作　　者 — 殷海光
發 行 人 — 楊榮川
總 經 理 — 楊士清
總 編 輯 — 楊秀麗
副總編輯 — 黃惠娟
責任編輯 — 陳巧慈
校　　對 — 吳浩宇
封面設計 — 姚孝慈
出 版 者 — 五南圖書出版股份有限公司
地　　址：106台北市大安區和平東路二段339號4樓
電　　話：(02)2705-5066　　傳　　真：(02)2706-6100
網　　址：https://www.wunan.com.tw
電子郵件：wunan@wunan.com.tw
劃撥帳號：01068953
戶　　名：五南圖書出版股份有限公司
法律顧問　林勝安律師事務所 林勝安律師
出版日期　2023年1月初版一刷
定　　價　新臺幣230元